U0574930

叶茂 李雨橙 著

开国五大书记

求学之路

人民出版社

前　言

　　国有史、地有志、家有谱，红色传承著新书。习近平总书记在党史学习教育动员大会上指出，要抓好青少年学习教育，着力讲好党的故事、革命的故事、英雄的故事，厚植爱党、爱国、爱社会主义的情感，让红色基因、革命薪火代代传承。

　　1945 年 6 月 19 日，中共七届一中全会第一次会议召开，选举毛泽东、朱德、刘少奇、周恩来、任弼时为中央书记处书记，史称"五大书记"。围绕开国五大书记的读书求学经历和追求远大理想的不懈奋斗，我们分别从他们的家乡故居收集和采写了大量的原始史料，汇聚成书。

　　本书收录了开国五大书记青少年时期求学的真实写照，记录了他们学生时代的学习方法、学习心得、学习经验，使今天的人们能从书中汲取营养，增强读好书、善读书、会用书的本领，为中华民族的伟大复兴贡献智慧。

　　撰写此书前，获得了开国元勋后人的同意。2019 年 1 月 6 日，朱德嫡孙朱和平将军代表家属在扬州丰尚启动这项工程。李敏、刘源、任远芳、朱和平、周秉和担任本书顾问。刘亭高度重视本书的出版发行工作，她多次询问，与任远芳一起参与了书稿的审读，并专门召开《开国五大书记求学之路》书稿审读会，提出了具体修改意见。

毛泽东同志纪念馆、周恩来同志纪念馆、刘少奇同志纪念馆、朱德同志纪念馆、任弼时同志纪念馆、红心伟业专项基金管理委员会给予了大力的支持,提供了大量的史料和珍贵素材,所以能看到一本更全面、完善的关于伟人求学、奋斗之路的书籍。伟人们的求学之路各不相同,万分精彩。

我们能看到毛泽东同志为了理想,给父亲写下"孩儿立志出乡关,人生何处不青山"的壮志豪言。他不断地探索人生方向,多次转学,直到来到湖南第一师范学校,真正地找到了人生的奋斗方向。在校期间,写下《心之力》,曾被湖南一师杨昌济老师打满分一百分,被称为建国之才的奇文。

我们能看到朱德同志在云南讲武堂与护国将军蔡锷结下的师生情。39 岁时,为了学习新的军事知识,又辗转他国求学。

我们能看到刘少奇同志对读书的执着,从小就有"刘九书柜"的美誉。为了表示自己坚决保卫中华炎黄子孙的志向,他果断地将自己的名字"渭璜"改为"卫黄"。

我们能看到周恩来同志在法国创办了共产党旅欧支部,以周恩来为代表的一批有着坚定共产主义信仰的马克思主义者从这里回国后,投身到波澜壮阔的中国大革命的浪潮之中。

我们能看到任弼时同志年少有为,在音乐、绘画方面展现出来的天赋。他是几位书记中年龄最小的,17 岁有了到苏联留学的机会,结束苏联的学习后便回国投身到拯救中国的革命中。

伟人们的求学故事鼓励着我们,亦将一代一代地传下去!教育强国,是中华民族伟大复兴的有力支撑。

目　录

海量宽宏

₽ 黄保华

愿相会于中华腾飞世界时

永不消失的驼铃

润泽东方

一、宇宙即我心

1970 年 4 月 24 日 21 时 35 分，我国用自制的长征一号运载火箭在酒泉卫星发射中心成功发射了第一颗国产人造地球卫星"东方红一号"。

"东方红一号"卫星发射成功，标志着中国成为继苏联、美国、法国、日本之后世界上第五个用自制火箭发射国产卫星的国家，中国开启了正式加入"太空俱乐

部"的时代。"东方红一号"是中华民族迈向太空的第一步，翻开了我国航天史的第一页，从此，中华民族在世界航天领域里站起来了！

它不仅是一颗人造卫星，更凝聚着厚重的民族精神。

这颗卫星上，装有望远镜、照相机、雷达等多种仪器，还有一部音乐发声器。音乐发声器播放着《东方红》，悠扬的旋律在宇宙中回响："东方红，太阳升，中国出了个毛泽东，他为人民谋幸福，呼儿嗨哟，他是人民大救星……"地球上任何角落的收音机都可以收听到。

《东方红》朴实的语言，唱出了人民对伟大领袖毛主席、对中国共产党的深情。它是人们心中的记忆，是流淌在血液中的旋律。每一位中国人都为生在新中国而感到自豪，此生无悔入华夏！

三山五岳，江河湖海，汇聚成永恒的东方红。人有了宇宙观，好比站在浩瀚的太空里，翱翔于璀璨的星河中。毛泽东一生与书为伴，最大的爱好就是读书。他曾说："贵有恒，何必三更眠五更起；最无益，莫过一日曝十日寒！"毛泽东刚毅顽强的性格和敢于创新、不断进取的精神，都与他从童年开始就喜欢博览群书，开阔眼界，学以致用是分不开的。他读过的书，走过的路，都成为滋养伟人精神的精华。今天，万象更新，我们所有的动力，都来自于我们最初的"心之力"。

二、韶山

日月变幻，季节因其轮转，天空染上澄蓝。中华民族，伫立在光阴的路口，随历史的风，在数千年的漫长时光中，书写着属于自己的故事。

韶山，一个神奇的地方。传说四千多年前，大舜时代，舜帝南巡，将蕴含着至善与至美的音乐播撒在这里感召着人们，悠扬的音乐声响彻整个山野间，引得凤凰飞舞，百鸟和鸣。这音乐，便叫作"韶乐"。

后来，人们把演奏过韶乐的这一片峡谷称作"韶山冲"，把高峻陡峭、雄伟的那座山称作"韶峰"，把韶山冲内潺潺流淌的溪水叫作"韶河"。

"山水天地间，一大奇观也，两间磅礴之气凝聚而

韶山

3

成。至静至动，至奇至妙，自然之运用，生成之结构。斯岂人间寻常之笔墨所能描绘其万一者也？故天地钟灵，山川毓秀，得其妙者，产其奇人。……

"山水本奇观者也，一经代为像，代为说者之笔墨，而奇者益奇也！

"噫！青山不老，绿水长流……"

这篇文章，收录在《韶山毛氏族谱》二修五卷中，全面反映出韶山毛氏家族对韶山——毛家居地环境特殊的解语。

它认为"天地钟灵，山川毓秀"（毛氏宗祠大门即书"韶灵毓秀"），即天与地能生出某种"灵气"，美好

毛氏宗祠 |

毛震公祠

的大自然可孕育出"奇人"。这其中不乏哲理:自然环境能陶冶人的情操,有助于人才成长。

三、童年

1893 年 12 月 26 日,一代伟人毛泽东就诞生在韶山冲一户普通的农民家庭中。从家族的鼻祖毛太华明代前期到这里开始,祖祖辈辈已经在韶山这一带生活了六百多年。

在毛泽东出生的那个年代,韶山冲同大多数农村一样,长期和贫穷、落后相伴。当时流传着这样的民歌:

韶山冲来冲连冲，丈夫砍柴做零工；
一天弄得升把米，儿啼女哭难维生。

韶山冲来冲连冲，十户人家九户穷；
有女莫嫁韶山冲，红薯柴棍度一生。

农民头上三把刀，税多租重利息高；
农民眼前三条路，逃荒讨米坐监牢。

毛泽东故居 |

毛泽东故居

　　毛泽东的父亲叫毛顺生，17岁开始当家理事，他是一个勤劳节俭、善持家务的农民，只是由于生活的压力，性格变得有些专横、暴躁。他只读过两年私塾，为了还清父辈的债务、寻求出路，23岁的毛顺生在湘军里当了几年兵，长了不少见识。他在江南水乡，每每能看到农民以小木船将谷米由家乡贩往各地；还看到韶山冲没有的各种商品交换，他对此印象极深。于是他回到韶山冲，给他的家乡带来了商品经济的因子和发家致富的理念，他打定主意要以经商来振兴上屋场。

　　在他当兵这几年，毛顺生把妻子文七妹和幼子毛泽东送到湘乡唐家圫，请岳母和妻兄们照料，自己便投军去了。

　　毛顺生和文七妹结婚八年，曾经生过两个男孩，可惜都在襁褓中夭折。毛泽东的出生，给全家带来了新的希望，毛泽东按照家谱起名，他是泽字辈，父亲为他起名叫毛泽东，字咏芝，后改为润之。他还有个小名叫石三伢子，因为母亲文七妹怕他不能平安长大成人，便抱他去拜后山一块巨大的石头为干娘，因为那块石头最为长寿。当地人习惯叫他石三伢子，后来毛泽东在革命时期还用过这个化名，有时用石三当笔名。

　　在父亲外出当兵的几年里，年幼的毛泽东随母亲住在外婆家。外婆家的生活（婴、幼儿时期及童年早期）使毛泽东自小感受到生活的美好、人性的善良以及母爱的温馨。

　　毛泽东的外婆姓贺，毛泽东来到外婆身边的时候，

毛泽东的父亲毛顺生

毛泽东的母亲文七妹

毛泽东的外婆家——
唐家圫旧貌

外公文芝仪已逝，全家生活靠外婆操持。尽管生活的担子很重，但外婆为人宽厚、慈祥，也较少封建正统观念，能对孙子、外孙一视同仁，甚至对外孙反而有些偏爱。小小的毛泽东便由外婆植入了真善美的种子，甚至这颗种子随着年龄的增长而渐渐长大，成为他人生奋斗的目标，也成为他反抗来自家庭（主要是父亲）的专横、粗暴的动力……真善美的种子一旦变成毛泽东内在的与他身心交融的东西，他便以之为天经地义而不容亵渎；遇到阻力的时候，他便起而抗争。

外婆家位于一片开阔地边缘的高台上，这里，没有韶山冲那么幽深的森林与山谷，楚天显得空旷而辽远，雄鹰常常展翅高飞于天空。这里当时有二十多口人，四世同堂，老老少少和和乐乐，干活时一起干活，吃饭时一起吃饭，不存在剥削与压迫，这对于幼年毛泽东来说，是世外桃源一般的乐土！他在这里无拘无束地成长，度过了幸福的童年。

可以说，外婆家的这个"社会"，为毛泽东以后接受社会主义思想打下了最初的基础，使他最终走上了为民谋福的道路！

毛泽东寄住在外婆家期间，他的八舅文正莹开了一个蒙馆，招收一些七八岁的孩子入学，进行启蒙教育。四岁的毛泽东跟着去当"旁听生"，那时蒙馆教的，不用说是四书五经，就连《三字经》《千字文》《幼学琼林》等启蒙书，也是难懂难背的，毛泽东的旁听，看样子虽是漫不经心，但耳濡目染，日子久了，居然也能背出一些课文，令舅父十分欢欣和惊奇。于是，舅父有意识地教授他一些知识，手把手地教他写字，不久毛泽东居然能写得一手颇为像样的毛笔字，舅父十分赏识他，深感自豪，逢人便夸。

从小聪颖的毛泽东，有过人的记忆力，在舅父的精心教育传授下，又逐步增强了理解力。

毛泽东的个子长得很快，六岁时就长得像七八岁的孩子。于是，外婆允许他同兄弟们一道，随村里的放牛娃们上山放牛、砍柴等，参加劳动。孩子们都贪玩，高兴的时候经常忘了放牛的事，不是让牛吃了人家的禾苗，就是牛吃不饱。怎么才能既让牛吃得饱，孩子们又玩得好呢？毛泽东想了一个好办法：把小伙伴们组织起来，一伙人放牛，一伙人采野果子、割青草。然后，把牛拴起来，让它们吃割来的青草，小伙伴们就可以做游戏、讲故事了。

童年的毛泽东就这样在外婆家快乐地生活着。但是，他不喜欢他的父亲，因为父亲总是板着脸，用刻薄、严厉的话语训斥他、指责他，常常使他很不开心。所以，每每韶山冲来人，他总是躲起来，生怕接他回去。

四、"六年孔夫子"

1902 年春，已满八岁的毛泽东被父亲接回韶山入塾开始读书。临行前，八舅送给毛泽东一本《康熙字典》。毛泽东在以后读私塾期间，他还经常借图书、报刊给毛泽东。

从八岁到十六岁，除中间曾停学在家务农外，毛泽东先后在韶山一代的南岸、关公桥、桥头湾、钟家湾、井湾里、乌龟井、东茅塘等多处私塾读书。后来毛泽东把自己这六年的私塾生活概括为"六年孔夫子"。

最初，毛泽东就读于南岸私塾，启蒙老师是邹春培。他照样从《三字经》《百家姓》教起，但毛泽东早就会背诵了，他又教《论语》《孟子》等儒家经典。

邹春培教书认真，对学生却管理严格，常进行体罚。

一天早晨，毛泽东没有遵从常规形式，轮到他背书时，他不按规矩肃立，依然端坐在自己的课桌旁。邹先生问他为什么不站起来，他回答道：既然我坐着背书你也能听清楚，那么为什么我要站起来背呢？邹先生大吃一惊，气得要命。他把事情告诉了毛顺生，毛顺生知道后要打儿子，毛泽东为此离家出走了三天。

他漫无目的地向城里走去，但事实上，他只是在韶山周围打转转，都没有走出十里以外。

大人们开始四处找他，他走了三天，也不知道走到了什么地方。太阳落山了，晚霞散尽，繁星布满天空，肚子却已饿得不行，一位老爷爷收留了毛泽东，精疲力尽的他在老爷爷家美美地睡了一宿。清晨，老爷爷慈祥地说："孩子，你快回家吧，你们家里人正在到处地找你，你父亲已经托人带了话，只要你回家就不再打你了。"就这样，毛泽东回到了家里。

多年以后，毛泽东在回忆童年这件事时对埃德加·斯诺说："回到家里以后，想不到情形有点改善。我父亲比以前稍微体谅一些了，老师态度也比较温和一

毛泽东读私塾时学过的《论语》

毛泽东读私塾的地方——南岸私塾

毛泽东读私塾时的教室与座位

些。我的抗议行动的效果，给了我深刻的印象。这次'罢课'胜利了。"

邹春培还教学生填红蒙字，但毛泽东不填，要自己放手写，写得比别人填得还要好。由于他天资聪颖，不需要先生费神，大家给他起了个绰号叫"省先生"。

毛泽东在南岸私塾读了两年多，长进很快。后来，他也没有忘记邹老先生。新中国成立后，当得知邹春培已经谢世，十分怀念，曾三次给邹春培的儿子邹普勋写信致以问候。毛泽东深情地说："邹先生是个好人啊！他是个严师啊。我那时读书顽皮，不懂得严是爱、宽是害，还造过他的反哩！"

1904年，毛泽东离开南岸私塾，转到离家有两里多路的关公桥私塾，塾师是毛咏薰。毛咏薰是出了名的恶先生，毛泽东对他的教学方法极为反感。一次他对毛先生要求学生多听先生点书、少提问的观点发出了质疑。毛泽东说：先生可以动手打人，学生为什么不可以动口请教先生？毛咏薰对毛泽东亦无可奈何，他写了一张字条，叫毛泽东带回家给父亲，并说让他从此不要再来了。

1905年春，毛泽东又转到韶山桥头湾、钟家湾私塾，塾师是周少希。在这里，他继续攻读四书五经。虽然学习方法依然是死记硬背，不讲经义，但聪颖的毛泽东还是领悟不少。

少年的毛泽东不喜欢那些深奥难懂、枯燥无味的经书，厌倦私塾先生点读的那些课文，而对被私塾和家长们认为是"闲书""杂书""邪书"的中国古典传奇小说有着浓厚的兴趣，不顾老师的告诫，读了《岳飞传》《精忠传》《水浒传》《反唐》《隋唐》《三国》和《西游记》等书。即使这样，他在私塾读书时，凭着过人的记忆力和理解力，也学得很好。一些当年的老师和同学回忆，都说毛泽东读书很认真，不仅能背，还能默写出来。"记忆力特别强，过目不忘。"

在这个时期，毛泽东在老师毛咏薰和周少希的辅导下，对毛笔字产生了浓厚的兴趣。他发现怀素的狂草非常适合自己的气质和性格，后来他就一直都练习狂草书法。

1906年秋，毛泽东又转学至井湾里私塾，塾师是毛宇居。毛宇居，即毛泽启，是毛泽东的堂兄，长毛泽东12岁。毛宇居为人正直、练达，诗文书法都好，颇

| 毛泽东和他的老师毛宇居

具才学。在井湾里私塾，毛泽东学习了《春秋》《左传》，由于他聪颖好学，深得毛宇居喜爱。从此，他开始对历史产生了浓厚的兴趣，这种兴趣与日俱增，到老都没有减少。通过读史，他熟悉了不少战史战例，为后来钻研军事辩证法积累了一些思想资料。

1906 年末至 1909 年夏，毛泽东停学在家务农。他白天同长工一起劳动，晚上帮父亲记账。农活很辛苦，但丝毫没有减轻他对学习的兴趣。无论走到哪里，他身上总要带着书。

一天，父亲让他往田里挑粪。上午 11 点多，父亲发现他在树荫下看书，责备他不挑粪。毛泽东回答：谁说没挑？父亲追问他挑了几担，他说没有 20 担，也有 15 担。父亲到田里一看，果然挑了不少。下午 4 点左右，父亲发现他又在看另外一本书，自己到田里转了一圈，发现粪确实没少挑，也就不作声了。以后，毛泽东总是先把父亲叫他干的活干完，再找个僻静的地方抓紧看书，做到劳动、学习两不误。父亲见每次交给他的劳动任务都能按量完成，也就不去干涉他看书了。

就这样，每天晚上，毛泽东总是点上桐油灯看书，有时，毛顺生发现毛泽东的屋里半夜还有灯光，就唠叨："早点睡吧！一盏桐油要好几个铜板呢！"毛泽东舍不得放下书，就用被单把窗户挡上，不让灯光漏出去。

夏天的夜晚，农村里蚊子多，叮人很厉害，而蚊帐里不能放油灯，他就把灯放在床头的长凳上，将蚊帐四周塞严实，然后把头伸出帐外，就着豆子大的桐油或菜油灯光，读起书来。

少年毛泽东挑水时用的水桶 ｜

少年毛泽东的卧室 ｜

在停学务农的两年多里，毛泽东如饥似渴地博览群书，《史记》《汉书》《盛世危言》等书他都认真地读过。正式出版的书他读，未公开发行的族谱之类也读，连和尚的经书也借来读。

韶山冲里的书读完了，他就翻山越岭，来回走二十多里到唐家圫外婆家，向舅舅和表兄们借书。

在韶山毛泽东纪念馆里，保存着一张他于1915年2月写给表兄的还书便条：

咏昌先生：

　　书十一本，内《盛世危言》失布匣，《新民丛报》损去首叶，抱歉之至！尚希原谅。

泽东敬白

正月十一日

他曾拿到一本关于帝国主义对中国的威胁的小册子。几十年后毛泽东还能极为动情地回忆起那本书的第一句话："呜呼！中国其将亡矣！"

毛泽东后来回忆说："我读了以后，对国家的前途感到沮丧，开始意识到，'国家兴亡，匹夫有责'。"

《盛世危言》这本书，毛泽东非常喜欢。书中提倡改革和进步技术，使毛泽东认为中国应该借鉴西方有用的东西，以拯救中国自己的核心文明。作者在书中阐明中国之所以弱，在于缺乏西洋的武器——铁路、电话、电报、轮船。他还提倡应该从政治上进行改良，主张设议会，制宪法，实行"君民共主"，办报纸，开学堂，提高民众文化。读完《盛世危言》后，毛泽东决心要恢复学业，继续上学。

这一时期，毛顺生还给毛泽东物色了一个大他四岁零两个月的姑娘，那年毛泽东14岁，姑娘18岁，姓罗，乳名"秀妹子"。毛泽东对父母强迫他接受这桩婚姻，心理上非常反感。28年后，他在谈到这段婚姻时说："我从来没有和她一起生活过——后来也没有。我并不认为她是我的妻子。"不幸的是，1910年正月初二，罗氏因患痢疾突然去世，时年20岁。

1909年秋至1910年夏，毛泽东说服父亲后，先后在韶山乌龟井、东茅塘复学，塾师分别是毛岱钟、毛麓钟。

东茅塘的塾师毛麓钟是毛泽东的最后一位塾师，也是最有学问的一位塾师。他出生于韶山一个书香门第，其祖父清末做过几任县丞。毛麓钟自幼天资聪慧，在祖父教导下潜心攻读诗书，26岁考中长沙府学秀才，是当时韶山毛氏家族中唯一的长沙府学秀才，深受毛氏族人和乡邻赞誉。在他那里，毛泽东打下了更为深厚的中国文化基础，也接受了更多的新思想教育。毛麓钟思想上并不守旧，主张废科举，办新式学堂，学西方技术，富国强兵。

毛麓钟对毛泽东也是格外看重。毛泽东十分仰慕毛麓钟的学识和为人，也不再淘气，刻苦攻读，学识长进很快。毛泽东主要攻读了《公羊春秋》《左传》《纲鉴类纂》《史记》《汉书》等，这期间，他还在毛麓钟的辅导下阅读了《资治通鉴》、顾炎武的《日知录》等经史古籍。

少年毛泽东珍藏的
《曾文正公家书》《诗经》

这些书不仅使毛泽东懂得了许多历史知识，更重要的是
著者的学问、德行、严谨的治学态度和崇高的爱国主义
精神对毛泽东产生了重大而深远的影响。毛麓钟的古典
诗词造诣很高，他辅导毛泽东读了许多中国历代诗词名
篇，教毛泽东赋诗填词。在他的熏陶下，古典诗词成为
毛泽东一生的最爱，取得了极高的成就。

五、人生无处不青山

　　1910 年，毛顺生决定送毛泽东到湘潭一家粮行当
学徒。这家粮行全称叫"宽裕枯粮行"，经营粮食和枯
饼。毛泽东深感弃学就商前程黯淡，心情很不愉快，每
天要给吸叶子烟的师傅点纸煤烟更是怄气。沙湾位于湘
江之滨，河边是沙洲，附近有一处码头叫源源码头。毛

泽东曾触景生情在这里吟过一首小诗，表达了自己壮志难酬的郁闷情绪：

> 沙洲对沙洲，源源不断流。
>
> 人住人脚下，何日待出头？

毛泽东对当学徒——即使将来当老板——根本不感兴趣，一心只想到外面继续求学，每天干完活就跑到楼上小房间闭门看书、写字。恰好在这时，表兄文运昌告诉他，湘乡县立高等小学堂是个"洋学堂"，讲授新学，在那里读书可以学到许多新鲜知识。毛泽东很是向往，在这里没待多久，就离开粮行回韶山了。

他将自己外出求学的想法同父亲说了。父亲因急于培养持家接班人，不予同意。他没有钱上学，这一年他已经17岁了，早过了上小学的年龄。

毛泽东决定自己想办法。他背着父亲从亲朋好友那儿借得了学费，然后把唐家圫的两位舅舅和表兄文运昌、姨表兄王季范请来，还在韶山请了毛麓钟、李漱清两位老师及堂叔毛钟楚来家里。

饭桌上，大家众口一词，劝他父亲说，润之聪明，会读书，如果他上"洋学堂"，将来会有大造化。毛顺生经不起大家一番劝说，觉得儿子进"洋学堂"也许是件有利的好事，当众答应毛泽东去湘乡读书。

第二天清晨，毛泽东收拾好自己的行装，扛着扎有行李卷的扁担向湘乡走去。

临行前，他写了一首诗留赠父亲，把它夹在父亲每天必看的账本里：

孩儿立志出乡关，学不成名誓不还。
埋骨何须桑梓地，人生无处不青山。

六、东山小学

这是毛泽东第一次离开家乡，离家有五十里。
在这个新学校，毛泽东读到了自然科学和西洋学术

东山高等小学堂

的新课程。他从未见过那么多的儿童聚在一起。他们大多是地主家的子弟，有些学生穿着绸缎、轻裘，衣饰华丽，很少有农民能将他们的子弟送到这样的学堂读书。毛泽东穿得比其他学生都寒酸，他只有一件像样的棉袄，许多富家子弟因此而看不起他。在这所学堂，他交了几个好朋友，其中有一个叫萧三，后来成了作家、诗人，写了一本书叫《毛泽东的青年时代》。

其中有一位从日本留学回来的老师，他已经剪掉了辫子，归国后，他戴了一个假辫子。假辫子是很容易被看出来的，大家都笑他，叫他"假洋鬼子"。许多同学不喜欢"假洋鬼子"，但是毛泽东很喜欢听他讲日本情形。他教音乐和英文。有一首歌叫《黄海之战》，毛泽东觉得有几句很美：

麻雀歌唱，夜莺跳舞，

春天的绿色田野多可爱，

石榴花红，杨柳叶绿，

展现一幅新画图。

那时，毛泽东感觉到日本的美，也感觉到一些日本的骄傲和强大。

毛泽东读了关于古代著名君主尧、舜、秦始皇、汉武帝的史料书。还在一本世界英杰传中，读到拿破仑、叶卡特琳娜女皇、彼得大帝、华盛顿、格莱斯顿、卢梭、孟德斯鸠和林肯的事迹。他感慨地说："中国也要有这样的人，我们应该讲求富国强兵之道，顾炎武说得好，天下兴亡，匹夫有责。"

毛泽东学习非常刻苦，如饥似渴地学习知识，许多时间是在自习室里度过的。他最喜欢的是国文、历史、地理。

他给自己取名"子任"，寓意"以天下为己任"，要为"富国强兵"的梦想而奋斗。

少年毛泽东在东山小学期间所读的部分书籍

湖南省湘乡东山小学，少年毛泽东读书时的座位

七、长沙湘乡中学

毛泽东开始渴望到长沙去，那是湖南的省会，他听说是个非常大的城市。他很想去那里，到湘乡人办的一所中学，他请求东山高等小学堂的一位教员介绍他去。

来到长沙，几乎没费多大周折，他就被湘乡中学录取了，这是一所专为湘乡人开设的很好的学校。在这里，他有生第一次见到报纸，叫《民立报》，是孙中山领导民主运动的喉舌。他发现《民立报》充满了激动人心的材料。在该报的激励下，毛泽东自己也写了篇文章贴在学校的墙上。这是他第一次发表政见，他那时崇拜康有为和梁启超，但不是很明了他们和新领袖的区别。他在文章中主张应将孙中山由日本请回就任新政府的总统，康有为任国务总理，梁启超任外交部长！

毛泽东成为学校里第一批剪掉辫子的学生，表示与反动卖国的清政府彻底决裂。当时，他和一个朋友毅然剪去发辫，但约好和他们一同剪去发辫的十几个人却没有履行诺言，因此他和他的朋友在暗中趁其不备剪去了他们的发辫。

八、参军

1911年10月10日，武昌起义爆发，革命者在武汉开始了推翻清廷的行动。一个革命党到中学里做煽动演讲，痛斥清朝，号召大家起来建立民国。当场有六七个学生起来声援他，毛泽东决心加入革命军。

毛泽东所在部队驻守长沙，他每月领七元的军饷。有两元用作伙食费，还得花钱买水。士兵都要从城外挑水进来，毛泽东却是从营房卖水的挑夫那里买水。他当时觉得自己是学生，不屑去挑水。（后来，毛泽东在思想上有很大转变，他认为劳动人民最光荣。）剩下的饷银，他都用在了订报纸上，他贪读不厌，将其视为珍宝。从这时起，他开始研究时事与社会问题。

就在一张报纸上，他第一次看到了论述社会主义的文章，认为它是迄今为止所提出的拯救世界和人类的最好理论。

1912 年 2 月 12 日，清帝宣布退位。孙中山和袁世凯订立了协定，南北"统一"。毛泽东以为革命的军事阶段结束了，决定继续求学。

九、诱人的招生广告

去上什么学校呢？毛泽东一时拿不定主意。他开始留意报纸上的广告，不过他要先找一个可以安身的地方。他找到一间为湘乡人开设的廉价宿舍里租了一张床。

一条警察学堂的广告吸引了毛泽东。于是就去报名投考，交了一元报名费。就在考试之前，他又被一所肥皂制造学校的广告所吸引，不收学费，供食宿还给一点补助。这个广告是动人的，制造肥皂对中国的清洁、文明有益，可以富国利民，非常鼓舞人。他又在那里交纳一元报名费。

这时，他的一个朋友做了法科学生，劝他进他的学校。这所学校娓娓动听的广告非常具有吸引力：它许诺在三年之内教完所有关于法律的学科，保证毕业后立即做官。毛泽东写信回家，请家人寄学费，详述广告上的内容，今后会当律师，做大官。他付了一元法政学堂的报名费，等待家人的回音。

可还未等到家人的回音，他的一些朋友又给了他不同的建议，又推荐了好几所学校。毛泽东又开始犹豫了，他什么都想做，最后都没有决定下来，浪费了许多报名费。

这时，他被一所政府办的高级商业学校广告所吸引，听说这所学校的老师都是非常有才能的人，毛泽东决定成为一个商业专家，写信告诉父亲自己的想法。父亲得知后很高兴，他非常了解有了商业智慧的好处。于是毛泽东进了这所学校。可他发现这里的大多数课程都是用英文讲授，他和大多数同学一样，英文学得不好，他讨厌这种情形，在这所学校读了一个月就退学了。然后他继续阅读广告。

他留意到一所理想的学校的广告，即湖南全省高等中学校（后改名省立第一中学）。他花了一元钱报名，参加了入学考试，以全校第一名成绩被录取。这所学校是湖南较早的公立中学，名师云集，校风朴实。

国文老师非常欣赏毛泽东，因为毛泽东爱好历史和文学，他还主动借给毛泽东一本《御批历代通鉴辑览》，里面有乾隆的御批。

　　然而这里的课程太少而且规则烦琐，毛泽东决定自学一段时间，他又一次选择了退学，在这所学校他学习了六个月。

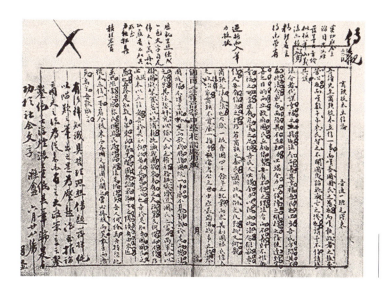

1912 年 6 月，毛泽东写题为《商鞅徙木立信论》的作文

十、湖南省立图书馆自学

　　毛泽东从湖南全省高等中学校退学后，给自己制订了一个读书计划。这时他寄居在长沙新安巷的湘乡会馆，每天步行三里到湖南省立图书馆自学。

　　他读书十分有规律且专心，早上图书馆一开门就进去，静静伏在阅览室桌前聚精会神地阅读起来，中午就买一块米饼来吃，直到闭馆才依依不舍地离开。他过着一种自修的生活，闭门读书。多年后他曾回忆说：我当

时每读一本书，觉得都有新的内容，新的体会，于是就
"贪婪地读，拼命地读"，一到了图书馆，"就像牛进了
菜园，尝到了菜的味道，就拼命地吃一样。"

他在图书馆第一次看到了巨大的世界地图，原来世
界那么大，中国在上面只是其中的一小部分，湖南变成
了一个点，湘潭更是在上面找不到。这张巨大的世界地
图强烈地冲击着毛泽东的视觉，他明白他要学的还有很
多很多。

毛泽东后来回忆说："有了学问，好比站在山上，
可以看到很远很多东西。没有学问，如在暗沟里走路，
摸索不着，那会苦煞人。"

在自修的这段时间，他读了许多书籍，包括世界历

湖南省立图书馆 |

史和世界地理。一些书籍使他大开眼界，如亚当·斯密的《原富》、达尔文的《物种起源》、赫胥黎的《天演论》、约翰·穆勒的《穆勒名学》、孟德斯鸠的《法意》和卢梭的《论人类不平等的起源和基础》《民约论》等。他将古希腊的诗格、罗曼史、神话和枯燥的英、法、美等国的历史、地理混合起来。

通过广泛的阅读、深入细致的思考，他获得了大量的知识，受到了空前的启示。他认为，这半年极有价值。

十一、湖南省立第一师范学校

毛泽东的父亲拒绝再对他这种自学提供资助，除非他继续上学。会馆太乱，也不能再住下去了，他开始寻找新的安身之处。他开始认真思考自己的前途，思来想去，他觉得还是最适宜教书，他不得不重新浏览广告栏目。他留意到湖南省立第四师范学校有一条动人的广告：不收学费，吃饭、住宿都很便宜，毕业后会成为一名教师。

这所学校招收的大多是寒门学子，校风淳朴。这是一所公立学校，1914 年2 月，湖南省立第一师范学校与湖南省立第四师范学校合并，成立湖南省立第一师范学校，学校的方向是把出身贫苦不能上大学的孩子培养成小学老师。毛泽

毛泽东在湖南省立第一师范学校的照片

29

东进入这所学校时，已经 19 岁了，他刻苦学习、持之以恒，从那时起，他抵御了所有的广告诱惑。

第一师范为每位新生发一套蓝色的毛料校服，这件校服毛泽东穿了许多年，直到褪色、磨出洞还在穿。他计算过，他在这所学校总共花了 160 元，在这笔钱里，有三分之一花在了订阅报纸上，订阅费为每月 1 元。毛

湖南省立第一师范学校

泽东的父亲责备他浪费，但毛泽东养成了读报的习惯。

毛泽东的社会科学各科的成绩都非常优秀，弥补了他在自然科学和艺术各科上的成绩。

这所学校有位国文教师，绰号"袁大胡子"，斥责毛泽东用他当时崇拜的梁启超的自由文风写文章，认为梁启超只是半通。毛泽东只得改变他的文风，攻读韩愈的文章。22 年后，毛泽东对埃德加·斯诺说："所以，多亏袁大胡子，今天我如果需要的话，仍然能够写出一篇过得去的古文。"

十二、不动笔墨不看书

毛泽东的一个重要的学习方法是"不动笔墨不看书"。这是他的老师徐特立一再倡导的。学习一定要注意方法，才能事半功倍。因为当时一师的学生大多喜爱自修，课外阅读风气较浓，很多学生读书贪多求快，却不能领会其中的内涵。所以，徐特立倡议：阅读任何一本书或者任何一篇文章时，必须用笔墨把文章中重要的、精辟的、带关键性的地方加圈加点，必须要在书眉上写出纲要，提出问题，还要摘录精辟的章节和词语，做出读书札记。

毛泽东非常赞赏"不动笔墨不看书"的读书格言，他读过的每一本书都用红色和黑色的笔去圈点，并且写了眉批和读书笔记。凡是他看过的书，总是色彩纷呈。有时先用红笔圈点，后在红笔圈点上又加黑笔圈点，甚至加上多次的圈点。每当他再拿出来看的时候，思路就非常清晰，能把第一遍没看懂的地方仔细品读，绝不一知半解。从这些不同的颜色、不同的浓淡的圈点上，大概可以看出他对这本书、这篇文章阅读的遍数和理解的深度。

1917 年下学期至 1918 年上学期，在约 10 万字的教材《伦理学原理》上，毛泽东的批注就有 12100 多字，几乎将全书逐字逐句用红黑两色的毛笔加上圈点、单杠、双杠、三角、叉等符号。其中许多批语是联系中国实际情况所作，阐述了自己的伦理观、历史观和世界观。后来这本书被一位同学借去一直没还，大概 30 年后，这位同学把这本书带到北京面交毛泽东。毛泽东高兴地翻阅自己在上面的批语，回忆说："我当时喜欢读这本书，有什么意见和感想就随时写在书上。现在看来，这些话有好些不正确了。"

在一师读书的五年半时间内，毛泽东所写的《讲堂录》《读书录》《随感录》《日记》和抄本就有一大网篮。毛泽东对这些笔记和抄本非常爱惜，几次搬家他都带在身边，后来又带回韶山老家，存放于韶山冲家中。

可惜在 1927 年 5 月的"马日事变"后，族人们为避免其落入反动派手中，将他的全部书籍连同这些笔记搬到后山焚烧

毛泽东抄录的屈原《离骚》

了。他的私塾老师毛宇居得知，从灰烬中抢出一本笔记和两册课本，一直珍藏到新中国成立后，交给人民政府。这本读书笔记有 47 页 94 面，1 万多字，前面 11 页是毛泽东手抄屈原的《离骚》和《九章》的全文，眉头还批有各节提要，后 36 页冠名《讲堂录》，主要是修身和国文的听课笔记，讲授者是杨昌济和袁仲谦老师。这些批注有他某些思想观念的雏形，流露出他的情感和性格，可以看出他在各个不同时期对各种问题的见解。从这些批注中，人们可以寻觅出伟人毛泽东的思想发展轨迹，找到许多研究毛泽东思想和生平的重要资料。

十三、"四到、四多"读书法

毛泽东还有一个读书方法："四到、四多"读书法。

"四到"，就是眼到——眼睛要看着读的字；口到——口里要读出要读的字，虽不大声也要默念；心到——心里要记下要读的字的字形；笔到——要认真做读书笔记。

"四多"，就是多读、多写、多想、多问。这种读书方法贯穿了他的一生。多读，就是广泛涉猎，博览群书。他一辈子没有一天不读书的。就是在他重病在床、去世的当天还读书、读文件 11 次，近 3 个小时。他去世后，人们整理他的图书有近 10 万册，大部分都被圈点过。他爱读诗，能背诵 400 多首古诗。

多写，就是做课堂笔记，摘录精要。

多想，就是要独立思考，辨析是非。比如，他在读《韩昌黎文集》时，凡是认为有道理、文字好的地方，就圈圈点点，写上"此论颇精""此言甚合吾意"等眉批。凡是他认为道理不对、文字不好的地方，就画叉画杠，写上"不通""此说非是"等眉批。他从不因韩愈是著名的散文大家，就不分青红皂白地对他的东西一概接受。

多问，也是毛泽东的重要学习方法。他从小就好问，还是在外婆家的时候，他就向大人们提出许许多多的问题。他曾问教私塾的舅舅，什么是鬼，什么是神？

舅舅对外婆说："石三伢子是个爱动脑筋的伢子，喜欢提问，有的连我也不知道怎么回答。"毛泽东不论听课、读书、看报刊，发现不大明确的地方，从名词、术语到史实、理论，都要把它们记录下来，以便随时向同学和老师请教。他常说，学问、学问，学与问是不能分离的，所以，真正好学的人，一定也是虚心好问的人。他在第一师范读书的时候，经常向杨昌济、徐特立等老师质难问疑。他还不畏路远，跑到板仓杨昌济老师家里，向他请教。

他常对人说，"学问"二字连起来成一个名词是很有意义的，我们不但要好学，而且要好问。

他还认为读书要持之以恒，认为人格的完善和学问的长进都有赖于"积累"。他说："博与精，非旦暮所能成就，必也有恒乎！"他曾写过一幅自勉联：

贵有恒，何必三更眠五更起；

最无益，莫过一日曝十日寒！

十四、毛泽东的导师、岳父杨昌济

杨昌济教授曾一度以"长沙的大儒"闻名，他对学生时代的毛泽东影响最深。杨昌济是一个品德高尚的人。他对自己的伦理学有强烈的信仰，努力鼓励学生立志做有益于社会的光明正大的人。他1898年进入岳麓书院读书，积极参加了谭嗣同等在湖南组织的维新改良活动，1903年留学日本，先后进入东京弘文学院、东京高等师范学校学习，后到伦敦大学，主攻哲学、伦理学和心理学，获文学学士学位，随后又在德国考察了9个月。他立志要从教育上培养新一代的青年人才，振兴中华。

杨昌济热衷于将思想付诸实践，他每天清晨都要在一个盛满冷水的澡盆里洗澡，不论春夏秋冬，气候寒冷还是炎热。他说人必须每天做一件艰苦的事来磨炼自己的意志。冷水不仅磨炼意志，还能增强体质。但杨昌济也乘坐符合他身份的四人抬的轿子来来往往。杨昌济敦促他的学生们要有所作为，要争取留名后世。"凡人欲在社会建功立业者，欲深谋远虑，动之万全……"

杨昌济认为他的所有学生中，最出色的是毛泽东、萧瑜、蔡和森。他们在学校里被称为"三杰"。

| 杨昌济

在杨昌济的影响下，毛泽东写了一篇题目叫《心之力》的文章，大受杨昌济的赞赏，给那篇文章满分一百分。杨昌济十分欣赏这位思想活跃尤其是对国家大事乃至国际大事都很关心的学生。毛泽东受杨昌济教授道德救世的思想熏陶，受益良多。

周末，毛泽东和其他受杨昌济欣赏的学生在他的家里吃午饭，并且聆听杨昌济的教导。就在这里，毛泽东与杨昌济的女儿杨开慧第一次见面。

为了能使毛泽东紧随自己的道路前行，杨昌济介绍"船山学社"和《新青年》。他说，"国家为一有机体，犹人身为一有机体也，非如机械然，可以拆卸而更装置之也"。

十五、文明其精神，野蛮其体魄

在"文明其精神，野蛮其体魄"的口号下，毛泽东和朋友们一起爬长沙周围的山，在冰冷的池塘里游泳，长时间晒太阳，他认为太阳会带给他能量。这些都是要使自己的身体强壮起来。

毛泽东特别喜欢游泳、冷水浴和登山等。

毛泽东有四浴：雨浴、风浴、雪浴、日光浴。冬天，大雪纷飞，寒风刺骨，他用吊桶提水上来，浸湿毛巾，便开始擦洗全身，擦一阵、淋一阵，直到全身发红发热为止。每次二三十分钟，每日从不间断。雨天，别人都往屋里跑，他却偏偏要往外走，常常脱去上衣，一个人在操场上奔跑，让倾盆大雨浇个痛快，说这是"天雨浴"。长沙的夏天很热，学校到了午休和课间休息，同学们多半回寝室躺躺，或找个树荫乘凉。毛泽东却脱掉衣服，在阳光下暴晒。他去湘江游泳，也喜欢躺在沙滩上，任烈日炙烤，他称之为"日光浴"。至于"风浴"，则是在大风中到一师后山或城墙上天心阁一带赤着身体迎风奔跑，大声呐喊。1917年的一个晚上，乌云四合，暴风雷电交加，毛泽东一个人顶着狂风暴雨爬上岳麓山山顶，又从山顶跑下来，浑身湿透地跑到蔡和森家里。蔡母问他怎么回事？他说这是为了体会《书经》上"纳于大麓，烈风雷雨弗迷"那句话的情味，借以锻炼自己

1917 年 9 月 16 日，毛泽东在韶山山顶的寺内与朋友畅谈人生

的胆量。后来,他在自己的日记里写道:

与天斗,其乐无穷!

与地斗,其乐无穷!

与人斗,其乐无穷!

毛泽东在一师读书时,写过一首关于游泳的诗,全文虽已丢失,但其中两句留了下来:

自信人生二百年,

会当水击三千里。

这一名句,是毛泽东当年酷爱游泳运动的生动写照,豪情壮志,溢于言表。

毛泽东幼小的时候,身体瘦弱。母亲文七妹因前面两个小孩没有活成,特别注意他的健康,细心照顾,唯恐生病。但是,毛泽东在 12 岁时还是生过一场大病。虽经治疗,病已经好了,但人却更瘦了,小病不断。他很恼火,这样下去,他将什么也不能做,于是下定决心,一定要把身体练好。他看见一些村子里的小孩,经常在水里玩,在太阳底下晒,虽然皮肤晒得黑黑的,但是很强壮,从不生病。他便和他们一起下水,学习游泳。由于他勤学苦练,悟性又强,游泳技术进步很快。他家门前的那口池塘,便是他最早的游泳池,他能在里面来回往复游好几圈。经常游泳后,身体逐渐结实起来。到长沙后,第一师范前面的江宽水深的湘江,更是天然的游泳场地。他常常和同学们在江里游泳。他担任学友会总务(实际负责人)兼研究部长的时候,还组织起游泳组,他起草贴在"学生揭示处"的启事,别具一格:

> 铁路之旁兮，水面汪洋。
>
> 深浅合度兮，生命无妨。
>
> 凡我同志兮，携手同行。
>
> 晚餐之后兮，游泳一场。
>
> ……

启事贴出去之后，同学们纷纷报名，很快就组织了一支百余人的游泳大队。从5月到10月，他们几乎每天都要下水。大家互教互学，不大会游泳的同学也很快掌握了游泳技术，许多人还能横渡湘江，有的甚至能从猴子石游到5公里远的牌楼口。

秋冬时节，人们穿上了棉衣，游泳队大多数人不敢下水了，但毛泽东和少数勇敢少年还在坚持游泳。

毛泽东总是向善于游泳的人学习。1918年3月，毛泽东还邀请在一师参观的上海《教育杂志》主编、游泳专家李石岑详细介绍游泳经验，并请他到牛头洲做游泳表演。

那时，人们还穿着棉衣，李先生带头示范，毛泽东一行跟着下水，游了三四十分钟。此后，毛泽东游泳的兴趣更加浓厚了，技术更精湛了，意志也更强了。

游泳，可以说是毛泽东最喜欢、最擅长的体育活动项目。

他高超的游泳技术，也让人赞叹不已。

1959年，毛泽东回故乡时，来到韶山水库游泳。他在水里自在地游着，时而踩水，时而仰泳，时而潜水，还朝岸上的人招呼："都下来游啊！"有的摇头，有的说："我们不会啊！""不会学习呀！"毛泽东说，"我给你们表演一个新名堂！"于是，他表演起"睡觉""坐凳子"和"立正、稍息"来。

他仰头浮在水面，很久也不沉下去，像躺在床上睡觉一样歇息。"坐凳子"，就真像坐在竹凳上，从容自如，还可以抽烟。"立正、稍息"，挺直身子在水里面，就像列队在操场上那样。岸上的乡亲们，笑得合不拢嘴。

新中国成立后，毛泽东多次在湘江、长江等江河里畅游。

1966年7月16日，73岁高龄的毛泽东又一次横渡长江，历时75分钟，游程30里。这在中外历史上都是一件非常罕见的事情。他号召全国人民走出游泳池，到江河湖海中去，经风雨，见世面，锻炼身体，锻炼意

1955年6月，毛泽东横渡长江

1962 年，毛泽东在武汉东湖住所打乒乓球

志。他说："游泳是同大自然做斗争的一种运动，你们应该到大江大海去锻炼。"

十六、游学

在长沙第一师范的第二年夏天，毛泽东和萧子升以步行游湘省，游历了长沙、宁乡、安化、益阳、沅江五个县城。这一"游学"的灵感来自毛泽东在《民立报》上读到的一篇报道，有两个同学周游了全中国，最远到了西藏。

他们没带一分钱地走了这五个县，仅仅带了写字用的纸和笔，吃住靠为当地机关、学校、商店写对联。接受对联的人家或单位，饭时留他们吃饭，天晚了就留他们住宿，有的还送给他们几个钱。游学持续了六个星期，走了近一千里地，使毛泽东对他的家乡湖南有了更深的了解。

毛泽东写了许多笔记和心得，有些还发表在当时的《湖南通俗教育报》上。回到学校的时候，老师和同学们传阅他的笔记，纷纷赞扬他是"身无半文，忧心天下！"

毛泽东感觉自己需要几个亲密的同道。一天，他在长沙报纸上刊登了一个启事，诚邀有志于爱国工作的青年和他联系，署名二十八画生（因为毛泽东三字繁体28笔画）。他指明要结交能刻苦耐劳、意志坚定，随时准备为国捐躯的青年。启事的最后一句用《诗经》中的话："愿嘤鸣以求友。"

广告登出后，毛泽东只得到"三个半"回应。一位是罗章龙，他后来加入共产党随后又背叛党。还有两个回应的青年后来变成极端的反动分子。"半个"回复的叫李立三，他听完毛泽东所讲的一切，一声不响地走开，他们的友谊始终没有发展起来。

十七、新民学会

这次看上去有些幼稚的寻求爱国青年的做法，却引出后来极有意义的活动。毛泽东渐渐地在他的周围建立了一群志同道合的青年，他和以萧子升、蔡和森为首的一批同学好友经常在一起研究学术，交流心得，谈论古今中外和个人前途等问题。于是就想成立一个学会形式

1919 年 5 月，湖南省立第一师范学校湘潭学友会合影（中左三为毛泽东）

的团体，1918 年 4 月 14 日，新民学会正式成立。新民学会对中国的革命和国事有极大的影响，它是湖南天空中一盏红色的信号灯。

毛泽东认为，组织者的天才就在于，他能够把各种人的优点结合起来，他不应暴露别人的弱点，或者反复指责别人的弱点，而应当鼓励把所有积极的因素联合起来。毛泽东的父亲未能做到这一点，而毛泽东将会做到。

这是一群具有强烈爱国心、积极向上的青年，他们在会上讨论通过了会章，学会的宗旨是"革新学术，砥砺品行，改良人心风俗"。会员之间相互切磋学术，共同向上奋进，消除了个人的孤寂盲目。到五四运动前夕，新民学会的会员已经发展到七十多人。

1919 年 11 月 16 日，新民学会部分会员在长沙周南女校合影（后排左四为毛泽东）

毛泽东与朋友们约定：不谈金钱、不谈男女之间的问题、不谈家庭琐事。他认为，青年人应当从国家及天下大事着眼，把自己的学习与国家的命运、民族的前途和人民的幸福联系起来，应当谈论和关心的是大事，即"人的天性，人类社会，中国，世界，宇宙"。

有一次，毛泽东在一个青年家里，他和毛泽东谈起买肉，而且当着毛泽东的面叫佣人和他商量，毛泽东感到恼火，以后再也不和他来往。他和朋友只谈大事，只谈修身齐家治国平天下的大事。

两个月后，毛泽东从湖南省第一师范毕业了，结束了五年多的一师生活。

就在毛泽东和自己的好友蔡和森一起思考以后出路的时候，他们收到了杨昌济从北京发来的一封信。这时的杨昌济已在北京大学任教。他在信中告诉毛泽东他们说：北大校长蔡元培以及吴玉章、李石曾等人在北京组织了一个华法教育会，专门搞赴法勤工俭学的事情。他认为这是拯救中国的实际行动，希望毛泽东和蔡和森积极组织湖南的青年前往法国求学。

军阀混战的年代，全中国的天空都像是被雾霭笼罩了一般，这一群进步的青年觉得必须加紧学习和锻炼，来担当改造湖南、改造中国的责任，到法国可以获得学习新技术、新思想的机会。8月，毛泽东和二十多名自愿赴法国留学的青年一起来到北京。

当毛泽东一行来到北京时，湖南自愿赴法的青年已有四十多人，比任何省都多。由于出国准备还没有做好，一时还不能赴法。为解决这一问题，毛泽东和蔡和森与有关方面洽谈，为暂时滞留在北京的湖南留法勤工俭学人员举办预备班，主要课程为法文以及为准备进入工厂而设的制图、数学等科。

毛泽东在北大图书馆
工作过的第二阅览室

在北京期间，毛泽东生活非常拮据，需要找个工作。于是，杨昌济把毛泽东介绍给北京大学图书馆主任李大钊教授，当一名图书馆助理员，工资每月八元钱。他的主要工作是整理书架、打扫房间和登记借阅者的姓名。

在借阅的登记簿上，毛泽东认出了新文化运动的著名领导者，是他十分景仰的人。他打算和他们去攀谈政治和文化问题，但是这些人都是大忙人，没有时间听一个图书助理员说南方话。

夜里，他和另外七个人合住在北京的一个四合院中，一间作书房，一间作卧室。八个人挤在一个炕上，每逢要翻身，都得先同两边的人打招呼。北京的冬天是非常寒冷的，但他们手头都很拮据，于是只能买一件棉外衣来抵御寒冷，八个人轮流穿。

北京的生活是清苦的，南方与北方的文化差异，饮食差异，都使毛泽东内心五味杂陈，他经常独自一人，到北京的各个地方转转，排解这种情绪。终于，他在文学和名胜古迹上发现了他所喜爱的北京。西山、长城、北海、故宫，晶莹剔透的雪，还有那怒放的梅花，如梦似幻，实在是美极了。

因为经常到杨昌济教授家和新闻研究会的会议中心，见到杨教授的女儿杨开慧，他们之间的爱情就这样自然而然地发生了。杨开慧比毛泽东小八岁，有着清丽的容颜，明眸皓齿，白净文雅。

1919 年 3 月，毛泽东陪同赴法的学生去上海，他协助把同学们送到法国去，但他自己决定不去法国。他说："我觉得我们要有人到外国去，看些新东西，学些新道理，研究些有用的学问，拿回来改造我们的国家。同时也要有人留在本国，研究本国问题。我觉得关于自己的

| 1919 年的毛泽东

国家，我所知道的还太少，假使我把时间花费在本国，则对本国更为有利。"

1920 年 5 月 8 日，新民学会部分会员在上海半淞园合影（左七为毛泽东）

十八、情义深长的祭母文

与此同时，毛泽东的母亲文七妹已身患重病（结核性淋巴结炎），他需要回去照顾他的母亲，这时母亲在他的外婆家养病。1918 年 8 月，毛泽东给他的两个舅父写了信。

七、八二位舅父大人座下：

前在府上拜别，到省忽又数日。定于初七日开船赴京，同行有十二三人。此行专以游历为目的，非有他意。家母在府上久住，并承照料疾病，感激不尽。乡中良医少，恐久病难治，故前有接同下省之议。今特请人开来一方，如法诊治，谅可收功。如尚不愈之时，到秋收之后，拟由润莲护送来省，望二位大人助其成行也。

甥叩

1919 年 4 月 6 日，当他从上海返回长沙后，于 4 月 28 日又给两位舅父写家书。

七、八两位舅父大人暨舅母大人尊鉴：

甥自去夏拜别，匆匆经年，中间曾有一信问安，知蒙洞鉴，辰维兴居万福，履瞩多亨，为颂为慰。家母久寓尊府，备蒙照拂，至深感激。病状现已有转机，喉蛾十愈七八，疡子尚未见效，来源本甚深远，固非多日不能奏效也。甥在京中北京大学担任职员一席，闻家母病势危重，不得不赶回服侍，于阳〔历〕三月十二号动身，十四号到上海，因事句留二十天，四月六号始由沪到省，亲侍汤药，未尝废离，足纾〈纾〉廑念。肃颂福安！各位表兄表嫂同此问候。

四、五、十舅父大人同此问安，未另。

愚甥　毛泽东禀
四月二十八

母亲的病痛，毛泽东一直记挂在心上，在北京得知母亲重病的消息后更是寝食难安。在写第二封信时，母亲已经由毛泽民护送到长沙，毛泽东亲侍汤药，不离左右。

49

毛泽东从上海回到长沙后，经周世钊引荐，不久到修业小学担任历史课教员，开展爱国运动。

他觉得母亲难得来一次长沙，泽民、泽覃也都在长沙，便一起在照相馆照了一张合影。照片中，母亲坐中间，毛泽东站在右边，毛泽民、毛泽覃站左边。这是唯一的一张合影，也是后来毛泽东最喜欢的一张照片。

1919年下半年，毛泽东的母亲在五四运动的余波

1919年，毛泽东与患重病的母亲及毛泽民、毛泽覃的合影

中回到韶山，她躺在病榻上，期待游子的归来，一个人默默地承受着痛苦。1919 年 10 月初，毛泽东的母亲病情突然恶化，毛泽东慌忙收拾行李，奔回故乡。到上屋场时，母亲已于 5 日病逝。

毛泽东在母亲的灵位前悲痛不已，放声恸哭，他颤抖着双手，情真意切地为母亲写下灵联。

灵联如下：

疾革尚呼儿，无限关怀，万端遗恨皆须补；

长生新学佛，不能住世，一掬慈容何处寻？

又一灵联：

春风南岸留晖远，

秋雨韶山洒泪多。

并以泪凝成《祭母文》：

祭母文

呜呼吾母，遽然而死。寿五十三，生有七子。七子余三，即东民覃。

其他不育，二女二男。育吾兄弟，艰辛备历。摧折作磨，因此遘疾。

中间万万，皆伤心史。不忍卒书，待徐温吐。今则欲言，只有两端：

一则盛德，一则恨偏。吾母高风，首推博爱。远近亲疏，一皆覆载。

恺恻慈祥，感动庶汇。爱力所及，原本真诚。不作诳言，不存欺心。

整饬成性，一丝不诡。手泽所经，皆有条理。
头脑精密，擘理分情。

事无遗算，物无遁形。洁净之风，传遍戚里。
不染一尘，身心表里。

五德荦荦，乃其大端。合其人格，如在上焉。
恨偏所在，三纲之末。

有志未伸，有求不获。精神痛苦，以此为卓。
天乎人欤，倾地一角。

次则儿辈，育之成行。如果未熟，介在青黄。
病时揽手，酸心结肠。

但呼儿辈，各务为良。又次所怀，好亲至爱。
或属素恩，或多劳瘁。

大小亲疏，均待报赍。总兹所述，盛德所辉。
必秉悃忱，则效不违。

致于所恨，必补遗缺。念兹在兹，此心不越。
养育深恩，春辉朝霭。

报之何时，精禽大海。呜呼吾母！母终未死。
躯壳虽隳，灵则万古。

有生一日，皆报恩时。有生一日，皆伴亲时。
今也言长，时则苦短。

惟挈大端，置其粗浅。此时家奠，尽此一觞。
后有言陈，与日俱长。

尚飨！

母亲文七妹的丧礼，按照韶山的风俗进行，他的父
亲以及乡邻，都没想到文氏五十来岁的年纪，就离别人

世，以至于不曾预先选择好葬地，但他们又不愿意草率地将这位老人下葬。于是，灵柩停在上屋场东侧的晒谷坪上，由毛泽民守灵。

毛泽东回到长沙，为了真理，他更加努力地奋战，这也是对母亲的亡灵的最好安慰。文氏去世后不久，毛泽东于 10 月至 11 月间接了父亲，由堂伯父毛福生和弟弟毛泽覃陪同到长沙治病，此时的父亲毛顺生患了严重的伤寒，又沉浸在丧妻的悲痛中。

毛泽东带着父亲、堂伯父及弟弟合影。照片中的他们，表情上都带着哀伤，毛顺生已明显消瘦，憔悴不已。

1919 年，毛泽东与父亲毛顺生、堂伯父毛福生、弟弟毛泽覃在长沙的合影

毛顺生在忧伤中回到韶山，此时的儿子，已是高飞的鸟，父亲管不着了。

只是毛泽东没想到，在母亲文氏去世仅三个半月后，不到50岁的父亲毛顺生也跟着去世。

此时的毛泽东奔走于长沙和北京之间，忙于领导和组织驱张运动。无法赶回为父亲送终、奔丧。直到1921年，他才来到父母的坟前。

毛泽东没想到在110天中竟丧父母双亲，让在家的弟弟毛泽民请毛麓钟先生代他作泣父灵联：

决不料一百有一旬，哭慈母又哭严君，血泪虽枯恩莫报；

最难堪七朝连七夕，念长男更念季子，儿曹未集去何匆。

毛泽东非常孝顺，注重孝道。他曾说过："父母都不肯孝顺的人，还肯为人民服务吗？"

1959年，毛泽东在韶山为父母扫墓

十九、带领弟妹们出韶山

1921 年春节，毛泽东回到故乡，在为父母扫墓之后，他将父亲毛顺生艰苦创下的家业安排好后，把弟妹们全部带出韶山。

毛泽东对毛泽民说："这几年我不在家，泽覃也在长沙读书，家里只有你们两口子撑着。母亲死了，父亲死了，都是你们安葬的，我没有尽孝，你们费了不少心。"

接着，毛泽民从 1917 年讲起："民国六年修房子，母亲开始生病；败兵几次来屋里出谷要钱，强盗还来抢了一次；八年死娘、死爹，九年安葬父母；还有给泽覃订婚。咯几年钱用得多，二十亩田的谷只能糊口。钱从哪里来？就把准备进桥头湾的田的钱用掉了。"

1921 年的毛泽东

"是不是欠了别人一些钱呢？"毛泽东听到这里便问。

毛泽民说："别人欠我们的有几头牛；我们欠人家的就是义顺堂的几张票子。牛，别人喂了；欠人家的票子总要钱兑。能抵销的是家里有两头肉猪，仓里还有两担谷。"弟媳王淑兰在旁边抱着孩子，偶尔也插上几句话。

毛泽东说："你们讲的这些都是实在的。强盗来抢东西，败兵来要东西，这不只是我们一家发生的事，而是天下大多数人有的灾难。叫作国乱民不安生。

55

"这几年来，你们两口子在家受苦了。现在爹娘都死了，屋里只剩下你们两公婆，遭强盗败兵的事是免不了的，今后还会有。我的意见是把屋里捡一下场，田也不做了——这些田你两口子也做不了，还要请人。我在学校里找了一个安生的地方，润莲小时在家里搞劳动，没读多少书，现在离开这个家，跟我出去学习一下，边做些事，将来再正式参加一些有利于我们国家、民族和大多数人的工作。

"你们不要舍不得离开这个家，为了建立美好的家，让千千万万人有一个好家，我们只得离开这个家。家里发出的票子，你就写一个广告贴在外面，凡有义顺堂票子的，限定几天内来兑钱。你把栏里的猪赶到银田寺卖了，准备钱让人家来兑；牛就让别人去喂，你如果向别人要钱，除非他把牛卖了才能给你。现在快要搞春耕生产了，不能逼人家去卖牛啊！别人欠我们的账就算了，仓里剩下的谷子就不要了。

"你们去长沙不要带多了东西，只要带被盖和要穿的衣服。如果东西带多了，要请人送到银田寺，还要坐船，路费、脚力钱加在一起等于买了这些东西。"

最后，毛泽东嘱咐毛泽民和王淑兰，从鱼塘里打些鱼，从家里拿些腊肉，去送给左右邻居、亲戚朋友，表示感谢。

初十，毛泽东吃过早饭就走了，毛泽民、王淑兰带着孩子不久后来到了长沙。过继的妹妹毛泽建也在毛泽东的帮助下，解除了与杨林萧家的包办婚约，来到了长沙。他安排大弟弟毛泽民进了长沙第一师范，二弟弟毛泽覃上一所不错的中学，妹妹毛泽建进了衡阳一所师范学校，从此走上了革命的道路。

1921 年春节过后，韶山冲上屋场变得空荡荡。韶山毛氏家族中很少有人理解，他们甚至对毛顺生的儿女们感到可怜，觉得家不成其为家！破败了，好端端的一份产业。

人们哪里知道毛泽东的高远志向！

二十、毛泽东与杨开慧的人间绝恋

1920 年的冬天，毛泽东不再孤单，27 岁的他与 19 岁的杨开慧结婚了。他们没有媒妁之言，也没有花轿嫁妆这些繁文缛节，不要一切与封建婚姻习俗有关的礼数。唯一遗憾的是杨昌济此前因病去世，没有见证他们的婚礼。

杨开慧出身书香门第，父亲杨昌济先后在日本和英国留学，在他回国后，他为女儿制定了一系列的西方教育课程，学习英语，阅读西方进步文化书籍，让她关心社会的变化，政局的发展。他为女儿灌输了许多新思想。

西方的文化，西方人的理念让杨开慧知道了中国女性饱受封建社会的摧残，地位极其卑微，婚姻更是无法自主选择，这样的社会，断送了中国无数女性的幸福。

她和毛泽东的思想共鸣让他们自然而然地相爱，走到一起。在她看来，这是神圣的、美好的、最幸福的。

能与自己所爱的人在一起，此生无悔。

婚后不久，杨开慧就怀孕了。杨开慧相继为毛泽东生下了三个儿子，大儿子毛岸英、二儿子毛岸青、小儿子毛岸龙。

后来杨开慧在长沙被捕入狱，她如花般美好的生命永远定格在了 29 岁。她无悔。

她是毛泽东一生无法放下的挚爱。

一弟：

亲爱的一弟！

我是一个弱者仍然是一个弱者！好像永远都不能强悍起来。我蜷伏着在世界的一个角落里，我颤慄而寂

杨开慧和她的孩子们
的合影

杨开慧手稿

窦！在这个情景中，我无时无刻不在寻找我的依傍，你于是乎在我的心田里，就占了一个地位。此外同居在一起的仁，秀，也和你一样——你们一排站在我的心田里！我常常默祷着：但愿这几个人莫再失散了呵！

我好像已经看见了死神——唉，它那冷酷严肃的面孔！说到死，本来，我并不惧怕，而且可以说是我欢喜的事。只有我的母亲和我的小孩呵，我有点可怜他们！而且这个情绪，缠扰得我非常厉害——前晚竟使我半睡半醒的闹了一晚！我决定把他们——小孩们——托付你们，经济上只要他们的叔父长存，是不至于不管他们的，而且他们的叔父，是有很深的爱对于他们的。倘若真的失掉一个母亲，或者更加一个父亲，那不是一个叔父的爱，可以抵得住的，必须得你们各方面的爱护，方能在温暖的春天里自然地生长，而不至于受那狂风骤雨的侵袭！

这一个遗嘱样的信，你见了一定会怪我是发了神经病？不知何解，我总觉得我的颈项上，好像自死神那里飞起来一根毒蛇样的绳索，把我缠着，所以不能不早作预备！

杞忧堪噱，书不尽意，祝你一切顺利！

这是杨开慧 1929 年 3 月写给她堂弟杨开明的一封信，文字情真意切，充满着思念与忧伤。她已经一年多没有丈夫的音讯了。1927 年 8 月底，毛泽东告别妻儿，离开长沙去安源部署秋收起义，杨开慧则带着三个孩子到距长沙市110里的板仓老家开展地下斗争。离别后的日子，夫妻二人各自处于生死险境，彼此惦念牵挂，却难以取得联系。

1929年以后，杨开慧在板仓的处境越来越危险。她在3月7日的《国民日报》上看到朱德的革命伴侣伍若兰被杀后又挂头示众的消息，既震惊又愤怒。她对自己的前景很是忧虑，觉得死亡如影随形。她真切地感觉到死神的接近，她最放心不下的是自己的三个孩子。此时的岸英七岁，岸青六岁，最小的岸龙才两岁。她为弱小的孩子们的命运揪着心。

1930年10月24日凌晨，国民党"清乡"团将板仓屋场团团围住，杨开慧在家中被捕。敌人连保姆和孩子也不放过，杨开慧、毛岸英和保姆陈玉英一起被押到长沙警备司令部。

杨开慧在狱中对毛岸英说："学会坚强，永生永世跟党革命。妈妈永远爱你的爸爸，长大后要听爸爸的话，要心疼他，孝顺他。你是哥哥，要照顾好弟弟们……"

时任湖南省政府主席的何键听了叛徒任卓宣（曾任中共湖南省委书记）的建议"杨开慧如能自首，胜过千万人自首"，表示只要杨开慧宣布与毛泽东脱离关系即可自由。但杨开慧坚贞不屈，何键对她一点办法也没有。

1930年11月14日，杨开慧从容走向刑场，英勇就义于浏阳门外识字岭。

杨开慧被杀害十多天后，毛岸英被舅舅杨开智从监狱接回。

1957 年，毛泽东接到杨开慧的同窗好友李淑一怀念柳直荀烈士的一首词后，当即和了一首诗。

我失骄杨君失柳，杨柳轻飏直上重霄九。

问讯吴刚何所有，吴刚捧出桂花酒。

寂寞嫦娥舒广袖，万里长空且为忠魂舞。

忽报人间曾伏虎，泪飞顿作倾盆雨。

在毛泽东 1927 年告别妻子之后，由于书信不通，独自抚养三个孩子的杨开慧，把对丈夫的思念和牵挂写成文字。她记下和丈夫相识相爱的过程，她也写下对丈夫无尽的牵念。文稿里有这么几句诗：

足疾已否痊，寒衣是否备。

念我远行人，何日再重逢。

他们终究没有重逢，毛泽东也没能看到妻子的这些文字。

似乎是早有牺牲的准备，杨开慧把自己写的这首题为"偶感"的诗稿，和其他的散文，藏在了杨家老屋的砖缝里。

1930 年，杨开慧牺牲。1982 年杨家老屋重新翻修时，这些文辞偶然被发现，才得以重现人间。

此时距离杨开慧牺牲已经过去了 52 年，距离毛泽东逝世已经 6 个春秋，这 4000 多字的手稿，已经被岁月侵蚀得陈

杨开慧手迹发现处

迹斑斑，一个女性的爱情火焰，就这样，在黑暗而狭小的空间里，独自燃烧了半个多世纪。

这些信件何其不幸，承载的绵绵亲情，再也没有机会被它们的主人细细品读。

这些信件，又何其有幸，让我们有机会去感受一代伟人撕心裂肺的挚爱，为那段波澜壮阔的宏大历史，做出一个最温柔的注脚。

二十一、满门忠烈，人间正道是沧桑

在毛泽东的教育影响下，弟妹们在革命斗争中都成长为中国共产党的优秀党员、共产主义的坚强战士。毛泽民后来成为中华苏维埃共和国国家银行第一任行长、党内著名的理财能手，1943 年在新疆任民政厅厅长时被军阀盛世才杀害。

小弟毛泽覃曾任苏区中共县委书记、中央局秘书长、红军独立师师长等职，红军长征后留在中央苏区坚持游击战争，1935 年在敌人包围中突围时牺牲。

妹妹毛泽建在衡阳地区开展革命活动，任游击队队长，1929 年在衡山就义。她是毛家第一位为革命牺牲的烈士，也是毛家所有子女中最让人心疼的一位！1928年，在一次突围中，毛泽建被捕，这时她已怀有七八个月的身孕，在这种情况下，她还在坚持革命。同时被捕的还有他的丈夫陈芬，英勇牺牲。她的孩子，尽管生下来了，最后还是难逃一死。她在牺牲时年仅 24 岁！

妻子杨开慧不仅支持毛泽东革命，而且与毛泽东共同战斗，1930年被敌人杀害于长沙。

年仅19岁的侄儿毛楚雄在解放战争时期为国捐躯。

儿子毛岸英为履行国际主义义务，牺牲在朝鲜战场上。

毛泽东舍家兴邦，全家先后有六人为中国革命献出了宝贵的生命，满门忠烈，光辉业绩永为世人景仰。

1959年，毛泽东终于回到魂牵梦萦的故乡，抑制不住内心激动的心情，挥笔写下了那首著名的诗篇《到韶山》。

| 毛泽民（1896—1943）

| 毛泽覃（1905—1935）

| 毛泽建（1905—1929）

| 杨开慧（1901—1930）

| 毛岸英（1922—1950）

| 毛楚雄（1927—1946）

到韶山

别梦依稀咒逝川，故园三十二年前。

红旗卷起农奴戟，黑手高悬霸主鞭。

为有牺牲多壮志，敢教日月换新天。

喜看稻菽千重浪，遍地英雄下夕烟。

"为有牺牲多壮志"，"牺牲"两个字写得多么豪迈，那一刻心里有多痛，"敢教日月换新天"，一个"敢"字，把多少风云一笔带过。

你懂，你就会知道，"新中国"这三个字，有多重！

二十二、韶山学校

韶山学校的前身是 1921 年毛泽东倡导创办的毛氏族校，坐落于毛泽东故居西侧的张家山上，紧邻毛泽东

毛泽东题字的韶山学校正门

铜像广场，前临韶水，后倚青山，校园风景秀丽，古树
参天，鸟语花香，宁静优美，是一所具有光荣革命历
史、中外知名的学校。纵观学校的诞生与发展，无不凝
聚着毛泽东的关怀与希望。毛氏族校自创办的第一天
起，就成为传播新思想、新文化和韶山人民进行革命活
动的阵地。

毛泽东与韶山学校的
孩子们的合影

1952年改为湘潭县韶山小学。

1958年，毛宇居到北京，请毛泽东给韶山冲第一所公立学校题校名。毛泽东不同意题"韶山小学"，他说，将来还要办中学，办大学，就取名"韶山学校"吧！

1959年6月26日，是韶山学校全校师生最幸福、最难忘的日子，毛泽东亲临学校视察。毛泽东由一群小朋友簇拥着，往韶山学校走。

早上7点多，站在毛泽东两侧的男孩和女孩是少先队大队长蒋含宇和大队委员彭淑清。给毛泽东戴红领巾，是蒋含宇完成的。毛泽东幽默地说：那我就把红领巾戴到北京去，你们看，我又年轻了，变成少先队员了！众人幸福地笑了！就在这一瞬间，摄影师按下快门，拍下了著名的《毛主席戴上了红领巾》，两人一左一右依偎在毛主席的身旁。

这张照片中的毛泽东显得格外童真，他似乎是一个大孩子，他的身心全部融化到纯而又纯的童心中去了……

机缘巧合的是，毛泽东身边的这对金童玉女，在北京上大学时相恋了，1971年他们结为夫妻，一同携手走到今日。毛泽东也算是他们的红娘了，这对夫妻被人们称为"中国第一幸运伉俪"。

有了学问，好比站在山上，可以看到很远很多东西；没有学问，如在

毛泽东题词：好好学习 天天向上 |

| 毛泽东的卧室

暗沟中走路，摸索不着，那会苦煞人。

——毛泽东

我一生最大的爱好是读书。

——毛泽东

世界是你们的，也是我们的，但是归根结底是你们的。你们青年人朝气蓬勃，正在兴旺时期，好像早晨八、九点钟的太阳。希望寄托在你们身上。

——毛泽东

毛泽东青少年时代大事记

1 岁

1893 年 12 月 26 日，诞生在湖南省湘潭县韶山冲一个农民家庭。父亲，毛贻昌，字顺生；母亲，文素勤（文七妹）。

9—16 岁

1902—1909 年，在家乡韶山六所私塾读书，接受中国传统的启蒙教育。

17 岁

1910 年，秋季，考入湖南湘乡县立东山高等小学堂读书。此期间受康有为、梁启超改良主义思想的影响。

18 岁

1911 年，春季，到长沙，考入湘乡驻省中学堂读书。其间，读到同盟会办的《民立报》，受其影响，撰文表示拥护孙中山及同盟会的纲领。

10 月，响应辛亥革命，投笔从戎，在湖南新军当列兵。半年后退出。

20 岁

1913 年，春季，考入湖南省立第四师范学校预科读书。

21 岁

1914 年，秋季，编入湖南省立第一师范学校本科第八班。在校期间，受杨昌济等进步教师的影响，成为《新青年》杂志的热心读者。

25 岁

1918 年 4 月 14 日，同萧子升、何叔衡、蔡和森等发起成立新民学会。

6 月，从湖南省立第一师范学校毕业。

8 月，为组织湖南赴法勤工俭学运动第一次到北京。

10 月，在北京期间，担任北京大学图书馆助理员，得到李大钊等人帮助，开始接受俄国十月革命的思想影响。

26 岁

1919 年 4 月 6 日，从上海回到长沙。

5 月，响应五四运动，发起成立湖南学生联合会，领导湖南学生反帝爱国运动。

7 月 14 日，主编的湖南学生联合会会刊《湘江评论》在长沙创刊。7 月至 8 月，连续撰写并发表《民众的大联合》长文。

10 月 5 日，母亲文氏病逝，闻迅从长沙赶回韶山。

8 日，在母亲灵前写成《祭母文》。

12 月，为领导驱逐湖南军阀张敬尧的运动，第二次到北京。在北京期间，读到《共产党宣言》等马克思主义书籍。

27 岁

1920 年五六月间，在上海会见陈独秀，同他讨论读过的马克思主义书籍等问题。

8 月初，同易礼容等在长沙发起成立文化书社，传播马克思主义和新文化。

8 月至 9 月，参加筹备成立俄罗斯研究会。

11 月 25 日，复信罗章龙，提出新民学会，"要变为主义的结合才好。主义譬如一面旗子，旗子立起了，大家才有所指望，才知所趋赴"。

11 月，同何叔衡等创建长沙的共产党早期组织。

12 月，致信给蔡和森、萧子升和其他在法会友。信中表明自己接受马克思主义，走俄国十月革命的道路。在长沙筹建社会主义青年团。

冬，同杨开慧结婚。

参考文献

［美］埃德加·斯诺笔录，汪衡译，丁晓平编校：《毛泽东自传》，中国青年出版社。

［英］迪克·威尔逊著：《毛泽东传》，国际文化出

版社。

[澳] 罗斯·特里尔著，何宇光、刘加英译：《毛泽东传》，中国人民大学出版社。

龙剑宇著：《毛泽东的家世渊源》，中央文献出版社。

龙剑宇、苏健全著：《毛泽东故里文化寻根之旅》，湖南人民出版社。

湘潭市关心下一代工作委员会编：《毛泽东青少年时代的故事》。

郑海峰编著：《毛泽东的青少年时代》，辽宁人民出版社。

牛嵩峰、李翚：《为有牺牲多壮志》。

海量宽宏

　　他智仁信勇，敦厚慈祥。他工精律诗，满腹诗书。人们像敬爱自己的父亲一样爱着他，亲切地称他为"红军之父"。

　　他是伟大的马克思主义者，无产阶级革命家、政治家和军事家，中国共产党、中国人民解放军的主要缔造者和领导人之一，中华人民共和国的开国元勋，是党的第一代中央领导集体的重要成员。

　　他亦有侠骨柔情的一面，他爱兰，世人皆知。因兰有松之朴实，竹之坚韧，梅之高洁。特别是他那首《咏兰展》："幽兰吐秀乔林下，仍自盘根众草傍。纵使无人见欣赏，依然得地自含芳。"纵使盘根虬曲，饱经雨打风吹，兰也从未堕其志，正是表达了兰矢志不渝、坚贞如一的品格。"若兰兮长不改，心若兰兮终不移"，即是他顾全大局、荣辱不惊、凌云壮志的真实写照。

　　他叫朱德，字玉阶，原名朱代珍。

一、家世渊源

1886年的世界，西班牙废除古巴的奴隶制；美国总统格罗弗·克利夫兰在纽约港，为自由女神像揭幕；英国占领缅甸……当时的中国，还在清王朝的腐朽统治下，人民被剥削得苦不堪言。

这一年（丙戌清光绪十二年），朱德出生于四川省仪陇县一个贫苦佃农家庭。朱德是客家人。他在《回忆我的母亲》一文中说："我家是佃农。祖籍广东韶关，客籍人，在'湖广填四川'时迁移四川仪陇县马鞍场。"

朱家的族谱是按"发福万海从仕克，友尚成文化朝邦，世代书香庆永熙，始蒙纪述耀金章"这28个字的七言韵文来排辈的。朱德的祖父叫朱邦俊，父亲叫朱世林，为朱德取名朱代珍。朱德临出生时，他的母亲钟氏

朱德家族迁徙路线示意图

正在烧饭。还没等饭烧好，他就呱呱落地了。钟氏生了朱德后就立刻起身，接着做饭。

朱德的母亲钟氏共生育了十三个子女，因家境贫寒，无法全部养活，只留下了六个男孩和两个女孩，剩下的五个孩子，实在无力抚养，刚出生就被迫溺死了。这对于一个母亲而言，是多么惨痛悲哀而又无可奈何的事情啊！

八个孩子按照年龄顺序分别为朱秋香（姐姐）、朱代历、朱代凤、朱代珍、朱九香（妹妹）、朱代炳、朱代焜、朱代庄。

朱德的曾祖父是"朝"字辈，名叫朝星。朱家在朱朝星那一代时，尚有老业田 30 挑，按 1 亩约 5 挑算，朱家田地面积还有约 6 亩。清嘉庆末年（1820 年），朱朝星在大湾修建了三间茅屋。

朱德诞生的仓屋

　　朱德的祖父朱邦俊排行第三。朱家到了"邦"字辈，
人丁兴旺，兄弟邦彦、邦彩、邦俊、邦兴、邦久平分祖
上传下来的老业田，每人分到的一点田地已不能维持生
计。于是，在1882年，朱邦俊把分得的田地和草屋典
了300吊钱作为资本，领着一家搬离大湾到两公里外的
琳琅寨南麓李家湾，租佃了地主丁邱川家80挑田耕种

和这座房屋的西侧居住，沦为房无一间、地无一垄的贫苦佃农。

1886年12月1日，农历冬月初六辰时，朱德就诞生在西侧的木板仓屋里。

朱德出生的那间仓屋，其实是丁家地主原来用作存放粮食的仓库，已废弃不用。房间低矮、昏暗、不通风，只有从东面板壁上一个不到两尺见方的"牛肋巴"小窗户里能透进一丝丝光线。朱德出生时，一家三世同堂：祖父母朱邦俊和潘氏，伯父母朱世连和刘氏，父母亲朱世林和钟氏，还有三叔朱世和、四叔朱世禄，大哥朱代历、二哥朱代凤、姐姐朱秋香。幼年的朱德和他的父母、兄弟等六口人，就挤住在这间仓房里，并在此生活了九个年头。

二、童年的记忆

在记忆中，母亲从未骂过他一句。他知道母亲很爱他，但是她为家事忙得不可开交。朱德刚刚能够手持汤勺时，便自己吃饭了，慢慢用起粗糙的筷子。受伤了只有独自啜泣，或者根本不哭，因为谁也没有工夫来哄他。

朱德的母亲出生于钟家，这一家原是流动艺人，遇到结婚、丧葬、生日等场面，他家就被主人雇去，有的吹打，有的演戏；遇到农村过节赶集，也搭上一座简单的舞台，拼凑一台滑稽戏或者是一台老戏。

"那是一帮爽朗而愉快的人，一般老百姓对他们喜爱得不得了。"朱德后来一边回忆，一边深情地微笑着。

朱家的孩子们，不但善唱民歌，而且无论遇到什么乐器都能够一上手就会。朱家的家传大概是主要原因。

朱德两岁的时候，由于大伯朱世连夫妇成婚多年无子，并且他是当时朱家最小的孩子，朱家正式写契告祖，将朱德过继给大伯朱世连夫妇为子。

回想起儿时的情景，阳光穿过树荫，一点一点凌乱地照在地上，引得他用污脏的手去捕捉光点时，他笑了一笑。离家不远处有几棵果树，到了花果盛开的时候，他便抱着树枝猛摇，花瓣像阵雨般洒满一身。到处都是野花，房后面则是一片片沙沙作响的竹林，一棵高大遮阴树的树枝上悬着大大的秋千，一截木头上架着跷跷板。附近有一条窄而急的小河流经对面小山的山脚，岸边有红色的卵石，河上有小桥，有小舟，有竹筏，河里还有鱼儿在扑腾。

朱德幼年时期的记忆之一，是感觉世上欠有公平。他和他的兄弟们最喜欢在小河或池塘里钓鱼，可是只能偷偷去钓，以免被地主的账房发现，因为河里所有的鱼，甚至他们家地里池塘中的鱼都是丁家地主的，丁家要派人来打捞，并把打捞的鱼运回家去。朱德和他的兄弟们免不了高声抗议，大人们却默不作声地看着，他父亲在对方走得不见踪影之后，才痛骂几句。这些人在秋天果树结实时也来摘果，而且有时还诬陷朱家人做贼，说他们偷了果子。池塘和小河里所有的鱼，佃农地里所有的果子，山上所有的树林，丁家地主都说是他们家的东西。尽管有着关于民主权利的谈论，但当时的中国仍然是一个封建国家。

三、听老织匠讲太平天国的故事

朱德小时候不但喜欢在纺车前听母亲讲故事，还喜欢听一位老织匠讲故事，听他讲太平天国的故事。老织匠每年入冬以后都要来朱家，母亲和婶婶们把一年里纺出来的线交给他，由他织成布，再拿去染上色，请人缝制成衣服等，全家的穿盖就都有了。

老织匠也是广东客家人，这时已年过六旬，早年曾参加太平军，跟着翼王石达开南征北战。他的到来，总是给孩子们带来欢乐，他那永远也讲不完的故事，牢牢地吸引着孩子们。

朱德家的织布机 |

"四五十年前，中国和外国打仗打败了，洋鬼子闯进了中国，朝廷怕得要命，洋鬼子要什么就给什么。这下子可苦了老百姓，苛捐杂税多如牛毛，穷人被逼得活不下去了，就拿起家伙什和官府拼命。"

老织匠继续绘声绘色地讲着："那阵子，闹起来太平军，穷人们都跟着天王洪秀全打官府的军队。官军见了他们的旗子，吓得就跑。太平军杀贪官，杀财主，把粮食和土地分给穷人……"

在朱德的心目中，太平军的将士们不怕官府，不怕朝廷，不惜用自己的性命为穷苦人打天下，都是英雄好汉。

"日头出山亮又明，乡里来了太平军。财主恶霸挨捆绑，推去杀头民欢心。"老织匠眉飞色舞地唱起了歌谣。

"郭爷爷，您也是太平军吗?"朱德好奇地问。

"是啊。"老织匠笑着说，"我那时很年轻，跟着翼王石达开从西打到东，从东打到西，闹得可红火了!"

"那后来呢?"朱德迫不及待地问道。

"后来……"老织匠的神色顿时黯淡下来，他痛苦地说，"官军人太多了，我们最后还是打了败仗，退到了大渡河边。当时，官军追得很紧，双方在大渡河边打了起来。那可真是一场血战，惨呐! 河里漂满了尸体，河水都被血给染红了。后来，我扮成山民，才侥幸跑了出来，四处漂泊……"老织匠声音哽咽，他放下手中的梭子，伤心地流下了眼泪。

"郭爷爷，那石达开跑出来了吗？他死了吗？"朱德拭去脸上的泪水，追问道。

"我相信他跑出来了，他是不会死的。听说不久前有人还看见他头戴银盔，身披银甲，骑着一匹大白马，身子骨可硬朗了，还像当年一样威武。"

朱德也不愿意相信石达开已经死了，他多么希望石达开再拉起一支队伍，为穷人报仇，让穷人都过上好日子。

布织完了，老织匠要离开这里到别的地方去了。朱德和兄弟们把老织匠送上大路，他盼望着老织匠再来时，能带来太平天国英雄们的好消息。

太平军将士的英雄故事，深深地打动了朱德幼小的心灵，直到几十年后，朱德仍然对老织匠所讲的故事记忆犹新。他曾不无感慨地说过："我做小孩子的时候，太平天国的故事给我很大影响。"

朱德家用过的耒子
（右）、缫丝车（左）

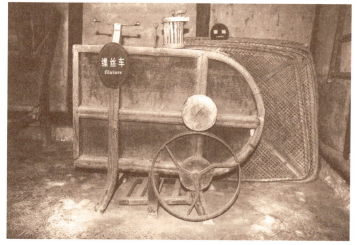

四、启蒙读书的药铺垭私塾

1892 年，六岁的朱德同两个哥哥一起，开始在离家不远的琳琅山腰的药铺垭私塾发蒙读书。这是一座土木小青瓦结构的平房，一共两间，一间做教室，一间做药铺。私塾是朱德的远房长辈朱世秦开的，他在县城当了两年的学徒，认得一些字，愿意教娃娃们，一个娃娃一年四百个铜钱。

一个贫苦的佃农家庭，为什么要拿钱送孩子们读书呢？

由于税吏、官僚、军人对读书人还有几分尊重和惧怕，朱德家才决定让一两个孩子去念书。不论什么地方

药铺垭私塾

的农民，都希望孩子受教育。但那时没有公立学校，而想要上塾师们开设的私塾，若不是绅粮地主，就无法缴足学费。农民也许能让孩子上一两年私塾，可是到了能够下地的年龄，只好下地去了。朱德小时候农村情况太坏，教育对农民成了生死攸关的事。一族人宁愿倾全族所有，也要教育出个男孩子，不论是抵挡税吏、滥兵，还是帮助家里打打算盘，都是好的。

入学那天，天还没亮，全家便都起身了，看着上学的孩子洗好脸穿好整齐的衣服，又谆谆告诫说，要绝对服从先生，一日为师，终身为父，不许有二话。吃过早饭，老大、老二、老三随着大伯父朱世连像执行神圣任务一样，出了家门。全家老小一直送到家门口，直到他们消失在朝雾里。许多年后，朱德在回忆起当年的情节时，还能深切地感到庄严神圣的气氛犹在眼前。

朱德少年时读过的
书、用过的桐油灯

朱家三兄弟从《三字经》《百家姓》《千字文》开始学习。朱世秦又要行医，又要自己采药，用于教书的时间不多，学生迟到、早退或不上学的，都不太管。每天按照课本教学生认字，再教学生读一遍，就让学生自学，自己就去行医卖药了。每天上午教两个小时的书，下午读两个小时的课文，中午学生放学回家吃饭，学生大部分时间都用在上学和放学来回的路上了。农忙时，学生还要放半个月的农忙假，学生回家做农活，而朱世秦要集中时间采药、晒药、制药。

在所有的学生中，数朱德年龄最小，但也数他最聪明，学习最用功，认识字最多，朱世秦很喜欢他。在这里，他读完了《三字经》《百家姓》《千字文》《大学》《中庸》《论语》和《孟子》的一部分。

朱德很合群，又很愿意帮助同学，大家都很信任他。有时老师上山采药，或是外出给病人看病，就由朱德组织大家在教室里读书、写字，有时还当起了小先生，教同学们识字、写字、背课文。

五、丁家私塾

一年以后，鉴于朱世秦精力有限，孩子们也难以学到新的东西，朱世连决定把三兄弟送到东家（琳琅寨丁家花园丁家地主）办的私塾去读书。私塾就在丁府里。丁府房舍高大，一道高墙围着的庄园，院落重重，有池沼和花园，还有许多客厅、饭堂，正中是一个华丽的祠堂。

这里的先生是个秀才，颇有些学问，课讲得比药铺垭私塾的老师要好些，朱德的伯父答应丁家分担请先生的费用，这样丁家才允许朱德三兄弟进入丁家私塾读书。一个孩子每年交四百个铜钱，每天又只许朱德兄弟上半天课。他们只有照样接受了。

然而，这里大多是富家子弟，朱德兄弟只能坐在光线最暗的地方。而有些富家子弟觉得龙生龙，凤生凤，耗子的儿子会打洞，佃户家的孩子不在家里老老实实务农，居然跑来上私塾！他们还想反了天不成？实在是自不量力。这些富家子弟不仅给他们起绰号，咒骂他们是"三条水牛"，还故意把"朱"写成"猪"来羞辱他们。

有一次，朱德从自己家的梨树上摘下一个梨到学堂去吃。一个姓丁的少爷一把将梨抢走，张口就吃，还蛮

丁家庄园 |

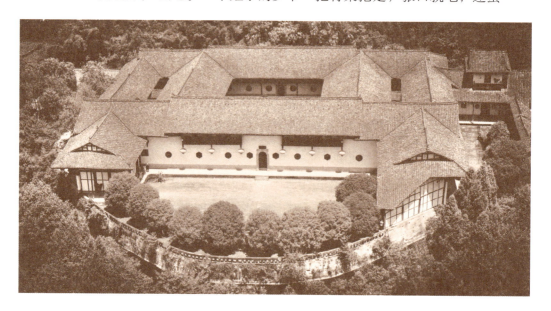

不讲理地说："你还配吃梨！"朱家兄弟在被讥笑、嘲讽中度过了几个星期，终于无法忍受，在大哥朱代历的带领下，把富家子弟打得鸡飞狗跳。然而，受到老师惩罚的不是那些富家子弟，而是朱家三兄弟，丁秀才对挑起事端的少爷不闻不问，却对朱德兄弟打手板、罚站。

在这样的逆境中读书，困难是可以想象的。朱德兄弟只有忍耐，他们唯一的念头就是要发奋读书，将来为家里人争口气。不久，由于缺少学费和家里农活缺少人手，两个哥哥回家种地了，朱德因为年纪小，又过继给了大伯父，是长房长子的缘故，因此能够继续读下去。朱德默默地承受着周围的冷眼和歧视，发奋读书。在课堂里，他一分钟都不肯浪费，先生教的课文他总是第一个会背诵；下课时，同学们都出去玩耍，他却一个人坐在教室里看书。回到家里，他一边帮母亲干活，一边背书；晚上，母亲在桐油灯下纺线，他就坐在母亲身边读书写字，直到困倒在母亲怀里。

朱德在丁家私塾又读了《孟子》《幼学琼林》《声律启蒙》《诗经》和《书经》等，还开始学作对联。就连曾经罚过他的先生，也不得不承认："这孩子这么用功，这么勤奋，将来肯定有出息！"

穷人的家庭是多灾多难的。1895 年除夕，东家丁阎王逼租退佃，强令朱家立刻搬家。朱德随祖父母、养父母搬到了朱家大湾的老屋居住。朱德因此第一次离开了亲生母亲，朱德脸色很阴沉，他认为分家乃是一场悲剧。翌年，便到席家砭私塾读书。家虽然分开了，收入

朱德故居

还是要和过去一样，算到一处，朱德的教育还是由全家负责。

六、席家砭私塾求学之路

朱德随养父母移居大湾一年后，具有远见的养父又送朱德进入距大湾八里地的席家砭私塾继续读书。朱德在这里度过了八年的私塾生活。

先生席聘三，又名席国珍，字白谷，本地人，幼年随师攻读，勤奋学习，饱览群书，深通经史，长于文学，是一个怀才不遇的寒士，多次参加科举考试都没有考中，于是在家设馆教学。他知识渊博，对历史十分熟悉，而且思想活跃，在当地颇有名气，乡亲们都很敬重他。朱德去读书前对席先生的学识和为人已有所耳闻，因此，他去学堂后对席先生非常敬重。就是在这里朱德

席家砭私塾

的思想观点发生了重大的转折，他一边
刻苦学习先生讲授的四书五经等古诗文，
一边还学习算术、珠算等新学，接受民
主和科学的启蒙教育。

朱德到席家砭读书时还不足十岁。
入学那天，雾还没有散尽，朱德在养父
朱世连的带领下穿过老马鞍街，来到私
塾拜见先生。这时候的席聘三先生四十
多岁，他体形修长，脸型瘦削，留着一
撮山羊胡。

朱德读私塾时装书的背篮

"你叫什么名字?"席聘三和蔼地问道。

"我叫朱代珍。"朱德带着一丝稚气回答道。

"代珍太俗啦，我给你起个学名，就叫'玉阶'吧!"

"'玉阶'? 请问先生有什么意义吗?"朱德十分不解
地问道。

"玉阶出自唐代大诗人李白的诗《玉阶怨》:'玉阶生白露,夜久侵罗袜'一句,我是希望你人生如玉石般高洁,如阶梯般升高。希望你用功读书,像白玉那样清清白白做人,扎扎实实做事,立志沿着玉石砌成的阶梯,步步登高。"

"谢谢先生,我绝不辜负先生的厚望!"

进入席聘三先生的私塾后,朱德仿佛进入了一个新的世界。

朱德在这里学习干劲十足,每天清晨起床后,帮家里干点活计,吃完早饭再步行八里地去上学,每天都来回走四次,不论严寒与酷暑,从不间断。每天来回跑,中午回来时肚子饿,跑得快,晚间回来时怕天黑了,也跑得快,常年累月,使他养成了走路快的习惯。他家迁回大湾后,在外佃来三亩薄地。一到农忙季节,朱德就不去上学,在家里劳动。一年大约有三四个月在家种

朱德劳动过的石碾 |

地，有六七个月去读书。他后来回忆起艰辛的童年时代对自己的影响时，说："我从小就是饿着肚子长大的，因此，后来搞革命运动时，我就不大怕饿，好像根本就不知道饿。"讲起干活，也是一样。"我从小到大都干活，所以后来做体力劳动时，我从来不觉得面子难堪。走路也是一样，成年以后，虽然有时有马骑，可是一生之中差不多都是走路，经常几个月几年长距离行军，同我指挥的士兵并肩走来走去。""习惯那种清苦生活，走遍世界就没觉得苦，在毛尔盖（草地）觉得也不过我们那样子。"

但真正使朱德佩服先生的还是席先生的学识和痛恨恶势力的勇气。他乐于教书，有胆量，有见解，而且有相当辛辣的幽默，不时一语戳穿古今英雄的假面具。"到年近八十的时候，还是个周身叛骨、朝气蓬勃的评论家。"朱德曾经不胜怀念地说道，"他为我考科举做了一番准备。"

"在这个时期，只要学生想学什么东西，先生就给讲什么，四书五经也讲，诗词歌赋也讲，还有《纲鉴》、"二十四史"，以后还教《左传》。"席先生的良好教育，不但为朱德喜欢读书、爱好作诗打下了良好基础，更重要的是在席先生的启蒙、指引和现实生活教导下，朱德开始萌发了朴素的爱国、民主和科学思想，有意识地关心国家的前途和命运。

朱德在席家砭私塾读书的八年中，中国社会发生了巨大的变化。清政府在新兴的日本军国主义的打击下，可耻地屈服，中日甲午战争失败。在八国联军的威逼下，又签订了丧权辱国的"辛丑条约"，中国正面临被列强瓜分的局面，这不能不使每个有爱国之心的中国人感到忧心如焚。席先生经常把这些"国家大事"讲给学生们听，常常把"做官的骂得狗血淋头"。席先生教育学生说："人立于天地间，当修身治国，除暴安良，成立不朽之业，始为有志。"也就是从那时起，朱德知道了很多大山外发生的事情，明白了很多道理。这时的朱德已经懂得问国家大事了，对当时的义和团运动持同情态度，经常和同学们聚集在席先生家里谈论时政，议论义和团能否打赢西方列强，讨论"一旦义和团扩展到当地，该如何办"。

席先生痛恨恶势力和追求救国救民真谛的精神，以及他那种强烈的民族感情，深深地感染着朱德，使朱德

朱德在席家砭私塾读书时用过的方桌

的思想在几年里"慢慢开展了",尤其是对加强军事力量的主张感兴趣。朱德后来回忆说:"在当时充溢着的思想,就是'富国强兵'。我们晓得做'富国强兵'的事,没知识不行。"在席聘三先生的引导下,朱德还涉猎了不少自然科学方面的书籍,认为德国、美国、日本等之所以很快强盛,主要就是他们重视学习科学和发展工业。

朱德在席家砭从十岁读书到十八岁,这正是一个人成长的黄金时期,朱德受席先生影响很大,不仅学到了不少文化知识,而且引发了他朴素的爱国忧民的思想。

他听席先生讲过戊戌变法,讲过张之洞的《劝学篇》,受到其"勤学洋务"主张的影响;看到了标有"五

朱德的阁楼卧室

大洲"的地球仪,"晓得有世界,知道有地球,而且地球还是圆的",产生了"努力用功,将来到国外去学习西洋科学"的想法;常与先生和同学们去看镇上请演的历史折子戏,一起谈论古今。也曾在作文时写过"岳鹏举精忠报国论",表达一片爱国报国之心;对清朝皇帝、官员不满,认为"皇帝十分要不得""要变法,觉得外国好一点"。

为了让读书光线充足,朱德在自己阁楼卧室的墙上凿的气窗

朱德还记得一天晚上回到家里，向家里人讲起日本把中国海军全部击沉，把中国陆军打出了朝鲜，要让中国付出大笔赔款的事。大人们听到什么日本、什么朝鲜、什么中国海军，一脸茫然。他们总以为他们的敌人就是眼前的地主、官员和税吏。可是他们极为骄傲，家里居然有个孩子能够谈起遥远的地方和国家大事了——将来当个大官，也未可知哩。

朱德使用过的文具

朱德的学友吴绍伯到成都度夏，带了一本真正介绍西洋学问的教科书回来——一本数学书，这是北京新成立的译学馆出版的第一批书籍之一。第二年夏天，吴绍伯又去了成都，和一位朋友研究，这次带回的是数学工具——丁字尺、半圆仪、计算尺等。教科书刚一带到私塾，席先生就把吴绍伯和朱德找到家里，加上他自己的儿子，一连几晚上研究到深夜。在蜡烛光下，三个学生和这位须发皆白的老先生，对着这本书，一研究就是几个钟头。

"我学习已经达到可以替家里记账的水平了，这样，就减少了家里人对西洋学问的误解。对科学的信仰从此而起，我也成了热心的信徒之一。"朱德后来回忆说。

1898年的戊戌变法立刻横扫全国。这件事在大湾小私塾里点燃起了热情。

这场百日维新，改革政府机构，鼓励私人兴办工矿企业，开办新学堂吸引人才，翻译西方书籍，传播新思想；训练新式陆军海军，科举考试废除八股文等，甚至据说将来也要剪掉辫子。

尽管以慈禧太后为首的反动势力反对，但洋学堂仍如雨后春笋般在各地出现。席老先生费尽九牛二虎之力，想找些新教科书，但是过了好几年，这些书才运到这偏僻地区。朱德的同学从成都带回的那本数学书只好继续为私塾服务。私塾的学生年年倍增，朱德和吴绍伯成了教授数学的先驱者，每星期总要分出些时间，给其他学生讲授。

朱德回忆起当时的情形：黄昏时分从塾馆放学回家，帮忙把地里的农活干完以后，就热心地向家人叙述变法运动。大人们听得入神，为这孩子能谈出如此之多的大事而感到骄傲——是不是命定可以做什么大官呢？可是，他们对变法却丝毫不感兴趣。

这并不是因为他们思想顽固守旧，而是因为变法没有触及土地制度。

"变法对于商人、地主、实业家、知识分子还有些好处，作为国之根本的农民却沾不到任何光。农民在变法运动中所担任的角色只是纳税人——为了支付新设立的机构的开支，又添了许多新税。只有从根本着手的土地改革，才能获得农民的支持。"

朱德十五六岁时，已经到了完全能够理解中国的全部问题，但还不知道如何解决的年龄了。

八国联军之后，广西省发生了大饥荒，政府军队屠杀造反的饥民，遗尸如山，任凭野狗去啃。

许多省内，一年一次的土地税实际上收了六七回。牢狱里住满了无力缴税、无钱按照官员的要求进行贿赂的农民。朱家比其他家运气好些，但也因官方勒求过多而周转不灵了。辛苦了七年之后，以前借的一万钱已经还清，但新税和新捐把全部所得勒索得一干二净，地租增加了，借款的利息也上升了。这几年，朱家为了缴朱德的学费，又借了两笔小款子，八国联军之后，日子更加困难，想缴朱德的学费，想借利息惊人的高利贷都办不到了。

席先生不愿意朱德离开私塾，就决定让他住到自己家里来，只要求朱德家分期交 100 斤米，作为朱德的伙食。从此以后，朱德只在过节放假时回家一趟，和家里人一起下地干活。

寄住在席先生的家里，使他会见了许多来往借宿的读书人，他们围坐在烛光旁，畅谈革命的征兆，直到

1960 年 3 月 10 日，朱德回乡视察时专程到席家砭私塾看望席先生后人

深夜。过往的行人中，有许多和成都官府有关。所以消息灵通。1904—1905 年的学年过去了，他作为入室弟子，在先生家里一边努力求学，一边听过往行人谈话，见闻大开，增长了许多知识。如果不是住在席老先生家里，就不会有这种机会。

1905 年日俄战争之后，日本在中国的势力有了飞速发展。政府各部门、工业企业、普通学校和高等专科学校都有了日本顾问。看到日本帝国主义兴起得快，北京慌了手脚，送出好几千名学生到日本。此外，还有大批自费留学生东渡，主要是学军事、行政和国际法。

七、顺庆府中学堂

1905 年，19 岁的朱德去仪陇县城参加科举考试。

启程那天全家人都赶来大湾为他送行，一一叮嘱朱

顺庆府中学堂

德一定要好好考，为朱家和穷人争口气。

朱德和席聘三先生的儿子等一道，第一次离开了养育他 19 个年头的家乡，步行着向仪陇县城走去……

到仪陇县城一看，朱德发现有不同年龄的考生一千多人到孔庙报名，并且缴上考试费。只有他一个人是农民。大多数人来自地主家——穿戴得整整齐齐，绸衫礼帽，坐滑竿带跟班而来。按照传统的习惯，朱德又使用了一个新的名字——朱存铭，如果做了官，就打算用一生的官名了。这个名字，还是席老先生特意为他起的。

他考过秀才，通过了县试、府试，只差最后一关四川学政的考试了。

光绪三十一年（1905 年）9 月 2 日，清政府却下了一道震惊社会的诏令：废除科举。科举考试从丙午（1906）年开始一律停止，各府、厅、州、县普遍设立学堂。科举的废除，断送了一些读书人的希望，但也给朱德提供了一个到顺庆府中学堂正规学习新学的机会。朱德本来就对在清朝做官不感兴趣，认为即使考上秀才、举人，没有钱也做不了官。

朱德回家和家里人说要去新学堂学习，但家里人不理解，和他们说不通。他们不相信这种新式学堂能维持多久，说不定哪天就会关门，以前的好多新学校就是如此的。朱德只好又到席先生家

青年时期的朱德

请他出面代为说项。席先生是个笃信新学的人，而且他的话对于曾是塾生的父兄具有无上的威仪，于是他邀请朱家的家长到他家，相谈很久，最后，朱德的尊长才同意他进入新学校。

1905 年秋季开学前几天，19 岁的朱德先在席先生面前，又在养父养母面前行跪拜大礼，才徒步到新学校去上学。这是他生活中的一件大事，相当于他当年第一天入塾那般隆重。他将要在那里学习全新的知识——顺庆府中学堂是由日本留学回国的一批具有近代科学知识和维新思想的有识之士创办的，开设了国文、数学（包括算术、代数、几何、三角）、物理、化学、历史、地理、外国语、修身、法律、动物、植物、图画、体育等新课程。一个新的世界在朱德的面前展现了，他对社会、对人生有了新的认识。

1949 年 7 月，朱德（左）和时任中国民主同盟中央主席的张澜（右）在北平中南海

朱德特别尊敬这个学校的校长张澜和老师刘寿川。当时张澜主张革新教育，注重传播爱国维新思想和宣传科学强国、教育救国的理念。他对朱德和其他同学讲："现在要亡国灭种了，要牺牲身家性命，去救国家！"他在校务繁忙的情况下，还深入到学生宿舍，与学生谈心。"人生

在世，做人、做事。做事难，做人更难。学生求学，旨在学好做人、做事的本领。要做好事，造福国家和人民，就要安心向学，勤奋不懈，以便经世致用。要做好人，成为仁人志士，就要正心修身，行端表正，以便担负将降的大任。这两者互为表里，相得益彰。"他看到朱德铺上的被褥简陋、平时吃饭节省，了解到朱德家境贫寒但学习用功，便鼓励朱德立大志、创新业。

有一次，张澜夸奖朱德打篮球勇敢、机灵、跑得快、投篮准，还问他为什么个头不太高，打球跑得这么快？朱德说，小时候读私塾时，塾馆离家远，每天上学、放学要来回跑四次，久而久之脚板就练出来了。张澜听了，对站在旁边的体育老师说："每天早上要组织学生练跑步，中国人要早日洗雪'东亚病夫'的奇耻大辱。"

四十多年后，新中国成立时，朱德和张澜都担任了中央人民政府副主席，可见他们师生当年是怎样怀着"以天下为己任"，一生实践了"以天下为己任"。

朱德喜欢听刘寿川老师的课，课后经常到刘老师的住处请教、谈心。刘寿川请朱德观赏从日本带回来的理化仪器、化学药品、科学书籍等，向他介绍日本是如何

1955年，刘寿川到北京与朱德相聚后同家人在天安门前留影

经过明治维新富强起来，以及孙中山在日本创建同盟会，发行《民报》等革命活动的情况，秘密借给朱德一本革命党人邹容写的《革命军》，嘱咐朱德要发奋读书，将来献身于"科学救国、教育治国、强身卫国"的事业。朱德在顺庆府中学堂就读的一年中，如饥似渴地博览群书，不但学到了许多新知识，而且更加关心国家的命运，也更加敬仰那些为振兴中华而献身的创业者和革命者。朱德虽然在顺庆府中学堂读书的时间只有一年，但同刘寿川结下了深厚的师生情谊。

1907 年初，在"强身救国""教育救国"的思想影响下，朱德接受刘寿川的建议，决定到成都读书，以求获得更多的知识，拓宽自己的视野。他离开顺庆府中学堂的同窗时，曾写了这样一首留别励志的诗，表达心中的远大抱负：

顺庆府中学堂留别

骊歌一曲思无穷，今古存亡忆记中。
污吏岂知清似水，书生便应气如虹。
恨他狼虎贪心黑，叹我河山泣泪红。
祖国安危人有责，冲天壮志付飞鹏。

八、四川体育学堂读书

1907 年，朱德只身徒步来到成都，考入了四川通省师范学堂附设体育学堂。

那时候，"一般操练习武成了风气，连乡下都操练，因为怕要亡国了"。

选择体育是朱德早就想好了的，一是因为他身体好而且对体育有兴趣；二是因为他相信体育可以增强国人体魄，将来当一名体育老师，可以教更多的中国人强身

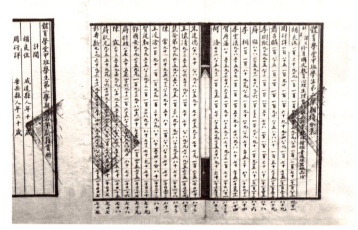

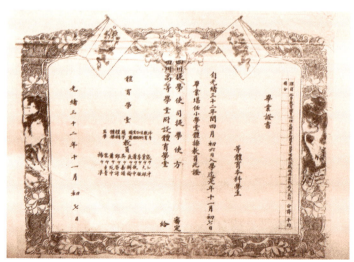

朱德在四川通省师范学堂附设体育学堂读书时的成绩册、毕业证

健体，不再做"东亚病夫"。

在步行去成都的路上，朱德一边赶路，一边不由得暗自赞叹，天下哪有像四川这样美丽的地方，哪有这样的巍巍峰峦和滔滔江水，哪有这样的丰硕水果和喷香花果。他穿过河谷，绕过秋色苍郁的大山，每当拂晓便起身上路，农民的歌谣始终不离唇边。到了晚上，两脚倦懒，满身尘埃，便随意找个农家借住，老乡们对于过往行人招呼得亲亲热热，谁要说付款酬谢，那就是失礼。至于吃食，自有卖饭挑子。

第五天的黄昏，还不及一般人到成都所花费的一半时间，他已经到了成都。

朱德在这里学习了修身、教育、心理、生理、算术、图画、兵学、教练、体操和器械等许多新课程，其中体操又分为枪操和普通操。从朱德在第二学期的积分表上可以看到，12门课程总积分为1005分，平均分

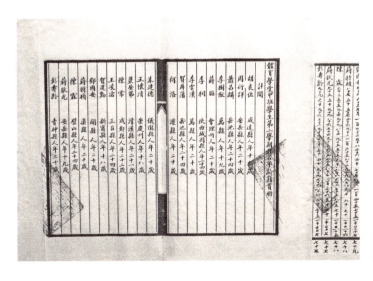

朱德在四川体育学堂
读书时的学籍册

83.7 分，名列前十名。

这个时候，朱德开始注意到同盟会的活动，因为他们宣传革命思想，主张用暴力推翻清政府。有一天，不知是谁在他的枕头底下塞进一张《民报》，这是同盟会的机关报。朱德如获至宝，读了又读，对其中的一些观点赞许有加。他希望自己也能加入这个组织，于是多方打听，结果却感到很失望，谁也没能告诉他有关同盟会的情况，但他已认识到"必须推翻皇帝，建立一个新国家"。

九、仪陇县立高等小学堂教授体育

一年后，从体育学堂毕业回到仪陇，在仪陇县立高等小学堂（今金城小学）担任了教师兼庶务。

开学前，朱德回到了马鞍场。当他把当体育教师的事情告诉了家人，却引来了一场轩然大波。朱德后来回忆说："坦白的后果是可怕的，开始是一阵吃惊后的沉默，接着我父亲问道，体育是什么意思。我解释以后，他大叫起来，说全家苦干十几年，为的是要教育出一个子弟免得一家挨饿，而结果却是打算去教学生怎样伸胳膊迈腿。他大叫大闹道，苦力也会这个！他接着跑出家门，一直到我走，他也没回来。那天晚上我听到母亲在啜泣。"

朱德倾尽全力向伯（养）父作解释，告诉伯父，中国正在发生巨大的变化，体育是新式教育的一部分。他十分清楚自己"违背了古代相传的孝道",然而,尽管他是农民的儿子,他也不打算再回到大山里去,他有着自己的理想,已经选择了自己的道路。

离开马鞍场的那天,一向疼爱他的伯(养)父,送出他好几里路才回去。朱德望着伯(养)父的背影,伤心地哭了。

回到县城,朱德全力以赴地投入到教学的工作中。

他提倡新教育,大胆地向学生灌输新文化、新思想。同时他因在学校管理庶务和教育学生,学得许多办事本领,世故人情懂得更多了。

那时,"废科举,兴学校"已经两年了,但由于仪陇偏僻、闭塞,传统势力依然主宰着这里的一切,禁锢着人们的思想。把持学堂的一班守旧的秀才、举人,对

| 仪陇县立高等小学堂

他这种传授新学的做法很不满意，认为朱德他们所教授的新学有损国粹，说他们头戴假辫子是假洋鬼子，教学生伸胳膊露腿是伤风败俗，穿短褂和裤衩是"猥亵的课程"，有伤风化，传授的是野蛮思想，是在同社会唱反调。由于守旧势力的反对，他们班仅招来十二名学生，有人借此编出一首打油诗来讥讽他们："十二学生五教员，口尽义务心要钱；未知此事如何了，但看朱张刘李田。"朱德积极向学生家长宣传新学的意义，鼓励学生接受新学教育，使学生人数一下子增加到了七十多名。

但旧势力处处刁难，排挤朱德他们，还雇用流氓恶棍来捣乱。朱德就教学生用武术、拳棍来自卫。这时，全中国各地都出现了同样的斗争，除了大港口城市以外，学生为了获得接受新教育的权利必须进行斗争，而且一半的时间都用在自卫上。

朱德终于意识到"单靠从事教育是不可能达到救国救民的目的"。

1909年1月下旬，朱德告别了他生活了22年的故乡，决定到正在办新军的云南报考云南陆军讲武堂，踏上了远去昆明的漫漫征途。在1908年底离开仪陇前，他撰写了一首诗，表明已立下投笔从戎以求拯救国家的宏伟志愿。

赠诸友

志士恨无穷，孤身走西东。

投笔从戎去，刷新旧国风。

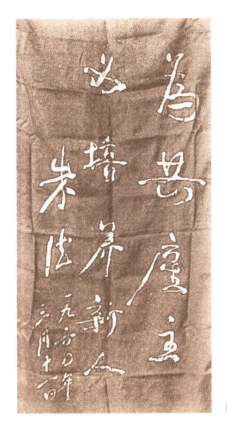

朱德为金城小学师生题词

这首诗与《顺庆府中学堂留别》一样同为赠别诗，写得豪迈、恢宏，没有伤感，洋溢着积极乐观的精神。

十、两考云南陆军讲武堂

1909 年春节刚刚过完，朱德告诉家里人，说要继续到成都读书。朱德的这一举动，家里人未表示支持，也没有太多的反对。因为朱德去当体育老师已经伤透了他们的心，在他们看来，当初送朱德读书，本来是要他博取功名，光耀门庭的。而朱德回来只学会了一些"伸胳膊弄腿的本事，他们觉得很没面子，现在又要去读书，将来会怎样，他们也说不清"。因此，当朱德告诉家人准备到成都去时，只有养父一家把他送到琳琅山垭口，三叔朱世和给了他一些盘缠。他自己也没想到，此次别离竟是52年之久，直到1960年他才重返故土。

朱德经南充步行来到成都，找到了他的同学敬镕，决定一起到云南去投考陆军讲武堂。他们经乐山、宜宾、昭通、会泽，步行了两个多月，于4月抵达昆明。

当时交通不便，路途遥远，身上的费用又不多，朱德便当"货郎"赚旅费而到达昆明。朱德出门时身上有三叔给的盘缠，到成都时都用差不多了。为了能到云南

云南陆军讲武堂 |

去，朱德和敬镕把身上仅有的铜钱凑在一起，在成都进了一批小百货，一路沿途叫卖，沿途进货，用赚来的钱作为生活住宿费用。朱德的养父、三叔、幺叔都是做生意的，他在家时也经营过家中的小酒馆，有一定的做生意的常识和经济头脑，做起生意来还比较顺利。

为了走捷径，去云南的路，朱德跟随仪陇去云南昭通买大山白蜡虫的熟人去的。买白蜡虫要赶时间，肯定要走捷径。经过七十多天的长途跋涉，途经宜宾、昭通才到达昆明，在昆明的龙王庙街临阳客栈住下。这也让朱德真正体会到"吃尽云南苦"的全部含义。

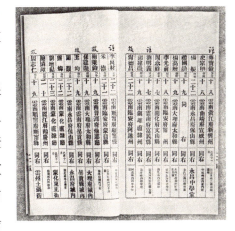

云南陆军讲武堂同人录

此时恰逢云南陆军讲武堂招生，于是他们准备去应试。然而，事情的开始对朱德并不顺利。

云南讲武堂主要招收云南籍学生，外省人若没有当地老住户或者有权势的人担保，是很难进入讲武堂的。第二天，敬镕就给在讲武堂里的一位成都老乡写了一封信，希望这位老乡可以帮忙引荐。几天后，敬镕的朋友来了，把他俩带到当时云南新军第十九镇第七十四协驻防的地方——巫家坝。这里驻扎着一个川军步兵标，标里的军官在云南多年，经他们引荐担保，就可以参加讲武堂的考试。

在一位川籍军官的介绍下，两人参加了考试，各项测评都合格。张榜之日，却只有敬镕被录取了，没有朱德（当时报考叫朱建德）的名字。细看之下才发现敬镕的籍贯竟不是四川南充，而是云南昭通。归途中，朱德闷闷不乐，追问敬镕更改籍贯的缘由。敬镕带着几分不安告诉他，在报名时，之所以冒用云南昭通府大关厅籍贯，是因为云南考生拥有优先录取的机会。而朱德使用的是四川仪陇籍贯，所以未被录取。

这次离开家乡的时候，全家都不曾为朱德送行。朱德想，既然出来闯荡，难免会吃些苦头，他是不会放弃的。

朱德找了个地方先安身住下来，想想当前的首要任务是想办法在昆明生存下来，再寻找进入讲武堂的机会。一日，敬镕前来看望，对朱德说反正要考讲武堂，不如先去当兵，他打听过了，当兵后是可以参加讲武堂的考试的。讲武堂有一个规定，军队中的下级军官或士兵可以通过保荐进入讲武堂学习。

一语惊醒梦中人。朱德立即去找那个曾经为他投考讲武堂担保的川籍军官，提出了入伍的要求。

在填写入伍登记表时，他吸取了上次的教训，把籍贯改成了云南省临安府蒙自县，去"建"存"德"，正式由朱建德更名为"朱德"。

部队的生活很是清苦，除了接受军事训练，还要做许多杂役。由于他在十四岁时曾跟随席聘三的同窗戴正武学习武术，再加上他在四川通省师范学堂打下的底子，使他在军事训练中如鱼得水。加上他的文化程度高，很快就升任队（连）部司书生（文书）。由于他努力工作、各方面素质都很高，很快引起标统（团长）罗佩金的注意。在罗佩金的推荐下，他再次投考讲武堂，终于如愿以偿。

这时的朱德内心充满着喜悦，他为能实现"习武救国"的夙愿而深感欣慰。20年后，他向美国作家威尔斯谈到那时的心情时说："我的志愿老想做个军人，而这个讲武堂恐怕是当时中国最进步、最新式的了。他（它）收学生很严格，我竟被录取，非常高兴。"至于为什么要投考云南陆军讲武堂，他在1939年回忆道："那时我还是一个农民，为了受不住帝国主义和封建统治的压迫，就和一些有知识的、前进的人参加了新军学校，进了云南讲武堂，我们曾利用了这个新军学校的力量，参加了推翻封建社会的斗争。"此时的朱德自信找到了一条可以拯救中华民族的道路，把学习和训练看作是实现救国救民目标的必要条件，以饱满的热情、刻苦的精神，专心致志地学习。

为了迅速丰富知识，迅速增长才干，朱德常常在熄灯号吹后还挑灯夜读。在训练中，他勇敢坚毅、刻苦好

清朝末年讲武堂和新军使用的部分操典和讲义

学，力求每个动作都精准、敏捷，如过天桥、跳马、翻铁杠等，都受到老师的好评。在各项考核中朱德的成绩均为优异，术科尤为突出。他指挥队伍、喊口令声音洪亮，动作干净利落，气宇轩昂。当时凡有外国人或重要官员来讲武堂参观考察时，校方总是指令学员朱德和朱培德来指挥队伍，人们当时称他们为"模范二朱"。

每天清晨，当号声响彻承华圃上空的时刻，学生们在教官的带领下，齐聚在大操场上，随即唱起讲武堂堂歌：

风云滚滚，

感觉它黄狮一梦醒。

同胞四万万，

互相奋起作长城。

神州大陆奇男子，

携手从军去。

但凭那团结力，

旋转新乾坤。

哪怕它欧风美雨，

来势颇凶狠。

练成铁臂担重任，

壮哉中国民！

壮哉中国民！

堪叹那世人，

不上高山安知陆地平。

二十世纪风潮紧，

欧美人要瓜分。

枕戈待旦，

奔赴疆场。

保家卫国，

壮烈牺牲。

要知从军事，

是男儿本份。

鼓起勇气向前进，

壮哉中国民！

壮哉中国民！

云南陆军讲武堂成立后，即建立了同盟会组织，利用一切机会进行宣传活动，同时秘密地发展同盟会会员，秘密组织学生阅读《云南》《民报》《国粹学报》《汉声》《汉帜》《警世钟》《猛回头》《洞庭波》《夏声》《革命军》《新世纪》等革命书刊，提高认识，提高觉悟。

1909年冬天，朱德秘密地加入了同盟会，开始走上了推翻封建专制统治的革命道路。这期间，他阅读了很多进步书刊，开阔了视野。与他朝夕相处的老师也结下了深厚的情谊，特别跟李根源、李鸿翔、罗佩金等老师感情最深。这些老师言传身教，教学结合国情、省情，对学员进行爱国主义教育，提倡"军人武德"，发扬民族气节等。正如朱德自己所说："我一心一意地投入了讲武堂的工作和生活，从来没有这样拼命干过。我知道我终于踏上了可以拯救中国于水火的道路。"

1911 年春，朱德（前排左一）和云南陆军讲武堂丙班步兵部分同学合影

朱德在讲武堂这个革命熔炉里锻炼成长，成为品学兼优的合格学员。

1910 年 7 月，因急待补充新军学员，学校决定从丙班挑选学习优秀的学生一百名组成特别班。勤学乐思、成绩优异的朱德被选到特别班学习。

1911 年 8 月，朱德从特别班毕业，分配到蔡锷部下以见习生资格当副目（相当于副班长），授少尉军衔。在与士兵朝夕相处的日子里，他孜孜不倦地撒播革命火种，成功地联络了云南总督衙门卫队的几个四川老乡，作为后来云南起义的内应。

十一、与蔡锷的师生情

蔡锷（1882 年 12 月 18 日—1916 年 11 月 8 日），字松坡，湖南邵阳人，著名爱国将领。蔡锷一生中，做了两件大事：一件事是辛亥革命时期在云南领导了推翻清朝统治的新军起义；另一件事是四年后积极参加了反对袁世凯称帝，维护民主共和国政体的护国军起义。蔡锷在一生中，注意辨别政治风云，顺应历史潮流，投身革命运动；在军事理论和战争实践方面都作出了贡献。他聪颖异常，沉静刻苦，幼年就有"神童"之称。早年曾在梁启超长沙时务学堂读书时就显得才华出众，后来东渡日本学习军事科学，学成回国后，在云南建设新军。

蔡锷的第三十七协司令部同讲武堂毗邻。蔡锷每天工作到深夜，朱德有时去看他，请教问题或借阅一些书刊。他在这里找到一本中文书，其中有一段讲到乔治·华盛顿的一生，他反复看了好几遍。他读到孟德斯鸠的《法意》，这是最初译成中文的外文书籍之一，对中国的改良主义者产生了极大的影响。他还看到梁启超、康有为所写的有关意大利、俄国彼得大帝改革政治的书，还有一本谈到明治天皇。

还有报纸，有的是来自蔡锷的家乡湖南的，有的则是共和派的秘密报纸，其中有一些来自中国香港和东京。这些报纸大声疾呼，猛烈地攻击各式各样的帝制派，主张武力推翻清廷。长时间的接触，使比蔡锷小四岁的朱德，深深地

蔡锷

115

感到蔡锷思想敏锐，办事稳重，工作能力强，充满智慧，有着坚忍不拔的品格，因而很敬重甚至崇拜他。蔡锷也很喜欢这个壮实、质朴、勤奋的朱德。在蔡锷那里，朱德看到了蔡锷编辑的《曾胡治兵语录》，文中辑录曾国藩、胡林翼治理部队的言论。朱德细细地体味着文中的含义，同时，蔡锷也逐章向他讲解，使他受益匪浅。直到30年后，已担任八路军总司令的朱德，还认为蔡锷编辑的《曾胡治兵语录》对他带兵、作战有很多教益。

十二、在辛亥革命中

1911年10月10日，一个激动人心的消息传到了云南：湖北新军中的革命党人在这天举行武昌起义，敲响了清王朝的丧钟。这一年是夏历辛亥年，故称"辛亥革命"。

武昌起义的成功，鼓舞了全国各地的革命党人，他们闻风而动，纷纷响应。李根源、蔡锷等认为时机成熟，决定10月20日午夜举行武装起义。因为这天是农历九月初九，重阳节，因而史称"重阳起义"。

行动刚开始，朱德突然接到命令，由他担任前锋区队官，带领部队迅速攻城。朱德率前锋区队来到财神宫时，守卫在这里的巡防营官兵得知起义的消息，纷纷加入到起义军的行列中。朱德率队进城后，迅速向总督衙门穿插。据守在总督衙门的卫队和辎重营凭借有利地势，居高临下，向起义军猛烈射击。由于弹药紧缺，至31日上午11时，起义军仍未能攻下总督衙门。这时，军械局被攻克，弹药得以补充，士气大振，起义军频频发动攻击，朱德率前锋区队首先攻破敌首防线，攻入总督衙门。总督李经羲被朱德生擒。

"光复了！共和了！"昆明城沸腾起来。11月初，以蔡锷为首的大中华国云南军都督府宣布成立。

50年后，朱德在回忆这一时刻时，还满怀豪情地写下诗篇《辛亥革命杂咏》，其中两首写道：

> 同盟领袖是中山，清帝推翻民有权。
> 起义武昌全国应，扫除封建几千年。

> 云南起义是重阳，下定决心援武昌。
> 经过多时诸运动，功成一夜好开场。

朱德手记诗稿《辛亥革命杂咏》

十三、朱德的第一位夫人萧菊芳

1909年，当朱德不远千里，长途跋涉，从仪陇步行七十多天，来到昆明投考云南陆军讲武堂时，在一位姓萧的人家开设的客栈住下。但由于籍贯问题，朱德落第了。眼看着前途无望，盘缠又全部花光，急火攻心的他病倒在了萧家的客栈中……

萧家赏识朱德的人品和才华，对朱德伸出了援助之手，不但供给生活所需，还拿出钱来给他治病。朱德后来回忆时对他的子孙说，没有萧家，就没有他的后来。

在萧家无微不至的照料下，朱德身体很快复原了，他决定到川军步兵标去当兵。

1912 年秋天，朱德任云南讲武堂学生队区队长兼教官，同当年资助过他的萧家小姐——昆明师范学堂学生萧菊芳结婚了。萧菊芳是一位新派女性，婚后，她仍然继续求学，住在宿舍里；朱德则住在讲武堂，把精力完全放在工作上，他们只在周末的日子才聚在一起。

1916 年春，朱德参加蔡锷发动的讨袁护国战争，屡建战功，成为滇军名将。9 月，萧菊芳为朱德生下了他一生中唯一的一个儿子朱琦，这一年的朱德刚好而立之年，30 岁。朱德显得非常高兴。

他泼墨挥毫，写下当时的心情：

中华灵气在仑山，

威势飞扬镇远关。

史秽推翻光史册，

人权再铸重人间。

千秋汉业同天永，

五色旌旗映日殷。

多少英才一时见，

诸君爱国应开颜。

1919 年 6 月，萧菊芳不幸病逝。这个女子，在朱德最脆弱的时候出现，一路相伴，始终笑靥如花，给他微笑和温暖。朱德不胜悲痛，为爱妻写下挽联："举案齐眉，颇自诩人间佳偶；离尘一笑，料仍是天上仙姝。"

同年 11 月，又写下《悼亡》诗七首，表达了对爱妻的怀念之情。

其一

草草姻缘结乱年，

不堪回首失婵娟。

枪林弹雨生涯里，

是否扰惊避九泉？

其二

赞我军机到五更，

双瞳秋水伴天明。

每当觉察忧戎事，

低语安心尚忆卿。

其三

每次出师感赠行，

凯歌归日更多情。
从今不再题红叶，
除却巫山不是云。

其四

萧娘瘦菊傲芬芳，
戎马生涯战事忙。
水月镜花空色相，
凤鬟云鬓易经霜。

其五

雪泥鸿爪江城地，
薤露歌声古战场。
忍别娇儿在襁褓，
几度相思倍感伤。

其六

凄凉不寐竟通宵，
针线犹存伴寂寥。
却忆行军迎眷属，
为援陷溺共除妖。

其七

何曾婉娈行长乐，
空向芳魂赋大招。

从此泸江离别地，

一流秋水逐波遥。

她一生为朱德付出深情，她知道，她心爱的郎君会为她执笔填词。

1957 年 11 月，朱德视察云南时，还专程去看了萧家大院。

十四、参加反对袁世凯复辟帝制的
护国战争

1915 年 12 月，朱德率部赴昆明，次年参加反对袁世凯复辟帝制的护国战争。在作战中，他采用灵活机动的战术，以少胜多，骁勇善战，屡建战功。

这年 12 月，袁世凯宣布接受帝位，推翻共和，复辟帝制，改中华民国为"中华帝国"，下令废除民国纪元，改民国五年（1916 年）为"洪宪元年"，史称"洪宪帝制"。孙中山立即发布讨袁檄文，兴师讨袁。12 月 25 日，蔡锷、唐继尧、李烈钧等召集云南各界，发布讨袁檄文，历数袁世凯"叛国称帝"十九大罪状，宣布云南独立，誓师讨袁。

泸州、纳溪之战，蔡锷以叙永为大本营，击溃袁军，震撼全国，各省相继宣布独立。1916 年 6 月 6 日，袁世凯在绝望中死去。6 月 7 日，黎元洪任大总统，护国战争遂进入善后阶段。当时，朱德任护国军第三梯团第六支队队长。在泸纳之役中，朱德率领士兵浴血奋战了四十多个日日夜夜。他以卓越的军事才能，采取"出奇制胜，猛攻急追，速战速决"的战术，打得北洋军丢盔卸甲，溃不成军。朱德的名字威震敌胆，广为传诵，赢得了"英勇善战，忠贞不渝"的声誉。

朱德支队在护国战役中，以英勇顽强和善于夜战、拼刺刀而闻名。在异常困难的情况下，朱德始终坚持在第一线指挥，表现出英勇无畏的战斗精神和顽强拼搏的作战能力。由于朱德战功赫赫，他被提升为第二军第十三混成旅旅长兼泸州城防司令，驻守泸州。1946年，吴玉章在庆祝朱德60岁生日的文章中，对朱德在护国讨袁中的卓越功勋给予高度评价："你是护国之役的先锋队，泸州蓝天坝一战，使张敬尧落马，吴佩孚、曹锟手足无措，袁世凯胆战心惊，终将袁帝制倾覆，保存了中华民国之名。"

讨袁胜利后，朱德撰写了一联哀挽壮烈捐躯的护国军将士。

其联云："与黄花岗同一馨香，气象森严，乾坤只有两堆土；续奇男庙无双祀典，风云叱咤，魂魄应归九虎关。"

不久，朱德又作一联纪念护国之役取得的决定性胜利。

1916年时的朱德

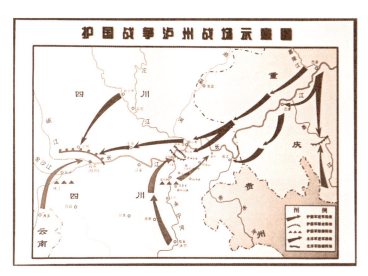

| 护国战争泸州战场示意图

| 护国战役使用过的刺刀

　　其联云："滇南壮士集云溪，听铁马声中，三渠洪水开天地；翼北胸襟环纳带，看朱坪阵上，万里烽烟动古今。"

　　1918 年秋，朱德率部清乡剿匪来到护国岩，细阅了当年蔡锷题的《护国岩铭》和序文，不禁诗兴勃发，即兴赋《题护国岩》诗一首：

题护国岩

曾记项城伪法苛，佯狂脱险是松坡。

清廷奸佞全民忌，专制淫威碍共和。

京兆兴妖从贼少，滇南举帜义军多。

风流鞭策岩门口，将士还乡唱凯歌。

这首诗声韵铿锵，气势豪迈，脍炙人口，不仅痛斥

驻防泸州时的朱德 |

了袁世凯篡权窃国的丑恶行径，热情地讴歌了正气凛然的护国军将士，而且高度概括地把护国军讨袁的过程描绘出来，抒发出朱德革命的战斗豪情。

十五、苦寻共产党

1922年，朱德乘坐江轮，辞别杨森，离开重庆，前往上海。朱德了解到中国共产党在上海成立，蓬勃兴起的中国工人运动是共产党领导的，认定这就是自己所要寻找的党，因此他决心加入中国共产党。当他来到上海找到当时党的负责人陈独秀，要求加入共产党时，陈独秀认为他当过高级旧军官而未答应他的入党申请。但这并未动摇朱德入党的决心，为求真理而远赴马克思的故乡德国，始称"万里寻党"。

1922年9月初的一天，上海外滩，天高云淡，海鸟翔集。朱德和好友孙炳文搭上法国"安吉尔斯"号轮船，把希望寄托在外国的土地上，去探寻解救国家的秘密。他们乘船从吴淞口波浪粼粼的海面上缓缓驶出，开始了远涉重洋去欧洲的航行。

"安吉尔斯"号轮船从上海起锚，沿东海、南海航行，沿途经中国香港、西贡、新加坡，穿过马六甲海峡绕过槟榔屿，向西航行进入印度洋，经孟买，到达吉布提，驶入红海。再经苏伊士运河到达塞得港，然后进入地中海，抵达法国马赛。全部航程40天左右。

在五四运动以来兴起的留法勤工俭学运动中，成批成批的中国先进分子已沿着这条航线到达法国和西欧，他们中间有蔡和森的母亲葛健豪，年高 54 岁，举家赴法，传为美谈；有著名的教育家徐特立，出国时已是 43 岁；还有 40 岁的黄齐生等。先行者的榜样给了朱德极大的安慰和鼓励，他把希望寄托于这次远航，他满腔热情地渴望这次航程的终点能够成为他走上新的革命道路的起点。因此，他盼望航船全速行驶，早日抵达目的地。在"阿尔及利亚"号轮船上，同行赴欧的留学生还有章伯钧、房师亮、史逸、史尚宽、李景沁、夏秀锋、李毓九等。当他们得知朱德、孙炳文两位长者的革命经历时，对他们这种顽强地追求革命真理的精神，不由得深为敬佩。

1922 年 10 月，朱德来到柏林见到了周恩来，他提出了加入中国共产党的要求。

1922 年 11 月 24 日，一个让朱德永远难忘的日子，在征得旅欧支部其他负责人的同意后，由周恩来和张申府共同介绍，朱德光荣地加入了中国共产党。党组织还决定，为了便于工作，他的党籍暂时对外保密，对外仍然是国民党员。

苦苦追求的理想终于实现了，朱德沉浸在长久的兴奋之中，以至后来回忆起此事，他还十分动情："我当时真是高兴极了。从此，我抛弃了旧我，开始了最有意

朱德在德国时留影

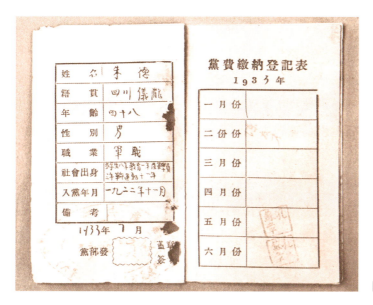

朱德亲笔填写的党证

义的革命新生！""从那以后，党就是生命，一切依附于党。"的确，在经历一番挫折后，他终于实现了自己梦寐以求的愿望。从此，在中国共产党的名册上，又增添了一个光辉的名字——朱德；从此，朱德走上新的革命旅程，把自己的全部精力和才能毫无保留地献给了共产主义事业，直到生命最后一刻。

这一年，朱德36岁。

加入中国共产党时的朱德

十六、到德国哥廷根大学留学

《共产主义ABC》原名《共产主义入门》。由俄国布哈林和普列奥布拉斯基合著，是为配合1919年俄共

127

（布）八大通过的新党纲的宣传和进行系统的共产主义基本理论教育而写的通俗读物，1919 年 10 月出版。全书包括一个前言和党纲理论、党纲的实践两部分，系统阐述了社会主义革命和社会主义建设基本理论。第一部分运用马克思主义政治经济学原理，分析了资本主义社会的矛盾，论述了社会主义必然代替资本主义的客观历史规律；第二部分论述了俄国十月革命胜利的必然性，就社会主义建设中的政治、经济、军事、民族、宗教、文化等问题作了理论上的分析和论证。该书出版后，流传广，影响大。到 20 世纪 30 年代初，仅俄文版至少印了 18 次，并被译成 20 种外文本。列宁称这是一本篇幅不大但极有价值的书。

《共产主义 ABC》|

哥廷根是个小城市，那里有四十多个中国留学生，他们在每周三晚上进行党小组学习讨论会。党小组成员有朱德、孙炳文、房师亮、高语罕、正太朴等。他们开会学习的地点，有时在哥廷根郊区，有时就在朱德住处。他们广泛学习共产主义经典著作和中国革命的文章，讨论的问题十分广泛，也很深入，讨论的内容涉及《共产党宣言》和《共产主义 ABC》等马克思主义著作及哲学和社会学方面的问题。尽管有时大家对一些问题的看法不一，但都能畅所欲言，讨论

得非常热烈。

　　朱德还经常深入工厂、矿山等基层了解当时的社会情况。他目睹了战后德国资产阶级把各种负担都转嫁到劳动人民的头上，苛捐杂税和马克贬值，压得他们喘不过气来，生活相当困苦。但是资产阶级和官僚政客倚仗权势，横征暴敛，作威作福。他有关采访的笔记本装了满满一箱子，他深有体会地说："我开始放弃资本主义可以拯救中国的信念。在我看来，拥有这样熟练技术，这样有纪律、有文化、有组织的工人

朱德的哥廷根大学入学注册卡

阶级，而本身也是高度工业化的德国，在战争中仍然是败下阵来，却又要让中国也步其后尘，岂不非常愚蠢。""那些理想中认为外国的无产阶级，比中国的资产阶级生活还好的话是完全错误的，在这里同样没有衣服穿，没有房子住。"

1925年5月，在上海爆发了震惊中外的"五卅惨案"。消息传来，中共旅德支部立即召集会议，朱德在会上提出党小组应暂且放下其他工作，全力投入这一运动。会后，他们以中国留学生会名义通电全世界，反对英、日帝国主义屠杀中国人。朱德组织德国留学生包围占领北洋政府驻德公使馆，强迫公使魏宸祖表态，支持群众的爱国主义行动，公开谴责英、日帝国主义的大屠杀罪行，在"通电"上签字。卖国公使魏宸祖闻讯早已躲藏起来。留德学生占领使馆后，把他从柜子里揪出来，迫使他在"通电"上签了字。这件事震撼颇大，法国以及其他西欧国家的中国留学生纷纷效仿。德国共产党也集会声援，开了很多

朱德在德国哥廷根大学读书时的住处

次会，朱德经常去发表演讲。结果朱德等人被德国当局以参加暴动活动为由，关进了监狱。

在中国共产党的多方营救下，德国政府迫于社会舆论压力，只好被迫释放在押人员。但是，由于中国公使已得知朱德是共产党员，不肯出面保释他，朱德的护照被德国警察当局吊销了，被限令24小时出境。德国共产党以德国红色救济会的名义，向朱德等人伸出了援助之手，帮助他们买好船票，办理了进入苏联的护照。7月4日，朱德带着装满书籍、地图、文件的三个箱子，搭上了开往列宁格勒的轮船。

朱德在德国时的留影

十七、在莫斯科找到真理的"钥匙"

季子、莘农同志：

我前一星期两函，谅已收到。转托中国代表（驻莫的）一封介绍信，往德共总部，使我加入他们的军事组（此事可能否）研究数月，即来莫入东方大学，再入赤军研究军事。归国后即终身为党服务，做军事运动。此种计划，在莘农同志留德时已定，我始终竭力办此事，均未有效。去冬欲偕莘农同志往莫，莫方以额满为拒，德组为申送事，逼得治华出党。今岁法组送五人到莫，接任卓宣同志函，法组送四名，德组送一名，熊锐或朱德前往。那时我已准备来莫，后又未果。似此种种困难情形，看来或是我党员资格太差，或是我行动太错，不能来莫研究，或同志中有不了解我的，说我是军阀而官僚而小资产，终不能做一个忠实党员的吗？以上种种疑误，是我的环境使然，不明我的真相的人，决不晓得我是一个忠实的党员。我现在决心两月以后即动身来莫，如东方大学准我入，我即加入听课；如不许我入，我亦当加入莫组受点训练，即在外住几月，亦所不辞。治华倘然与我同来，惟住房子的问题是不容易的。如不许我入校，那就要请你们帮我觅得住处，我一定要来。如以后不能住了，我即回中国去，专为党服务。以上所问，请你俩不客气地、爽爽快快地答应我。或可能入校，或可能租房自住，二者必求得一，我心即定了。莘农同志何时归国，亦祈示知。此间数月来，为民党工作及改组学生会运动，颇生趣味，亦收点成效，惟荒了我们的主义研究，亦属可惜。我正月移居柏林，专为民党活动，经理报务，也印出一小本《明星报》来。对外发展是很困难的。专此作为革命的敬礼。

旅莫诸同志统此问好。

朱德　顿首

三月七号

| 写给季子、莘农的信

朱德在信中要求"来莫入东方大学""研究军事"，明确表示"归国后即终身为党服务，做军事运动"，他愿为党的事业奋斗终身的信念昭然纸上。信中提到的东方大学，即"东方劳动者共产主义大学"，它于1921年创办于莫斯科，专为苏联、东方各共和国培养干部。

怀着对世界上第一个社会主义国家的向往，1925年7月，朱德如愿来到莫斯科，开始了新的学习，在各方面都有了很大的发展。在这一年时间里，他除了参加宣传会、劳动以外，基本都在学习、研究、练习器械、打野营。他还参观考察了博物馆、学校、工厂等，做过毒气爆炸之类的军事学实验。他对列宁、斯大林领导下的苏联人民在恢复经济、医治战争创伤、巩固苏维埃政权、开展社会主义劳动竞赛中，表现出来的蓬勃精神感到无比兴奋。

朱德在军事训练班的学习更是如鱼得水。由于他有丰富的实战经验和研究造诣，对教官讲授的内容领会最快、最深，而且能联系实际灵活运用、融会贯通。有一次，教官在课堂上问他："你将来回国以后怎么打仗？"朱德回答说："部队大有大的打法，小有小的打法。""打得赢就打，打不赢就走"，"必要时拖队伍上山"。

为了帮助其他学员学好军事课，朱德还利用课余时间给大家辅导，结合实际战例深入浅出地给大家讲解，使学员们提高很快，大家后来都称朱德为"实际教官"。

1956 年 2 月 4 日，朱德在苏联参观列宁的办公室

曾经和朱德在一起学习的阚尊民后来回忆说："教官在讲授军事课时，我们不懂的地方，朱德就帮助解释，因为他是有亲身体会的，对于游击战术的问题，他懂得多，理解得也透彻。"

1926 年，中国的政治局势发生了重大的变化。2 月下旬，中共中央在北京举行特别会议，认为："党在现实政治上主要的职任，是从各方面准备广东政府的北伐。"为了支持北伐战争，中共中央决定从苏联抽调一批军事、政治工作人员回国。根据党的派遣，5 月 18 日朱德从莫斯科启程，乘坐火车穿越西伯利亚到海参崴，再坐轮船，重返苦难深重而又正在奋起的祖国。三年半的国外生活，使朱德对于过去的中国革命为什么失败，现在的革命应该如何进行等问题有了新的认识。

他在后来回忆说："认识了历史发展的规律，结合其他的研究和经验，我就找到了了解中国历史——过去和现在——的一把钥匙。"

十八、写给母亲的祭文

1944 年农历二月十五日，86 岁高龄的朱德母亲钟氏在家乡去世，弥留之际，还念念不忘远在千里之外的三儿朱德。

朱母去世的消息一个多月后才传到延安。朱德突闻噩耗，万分悲痛，特别是听到母亲带着想见儿子最后一面的遗憾离开人世时，禁不住泪流满面，泣不成声，哽咽地哭诉着母亲的点点滴滴，他的秘书孙泱记录了这一切，稍加整理，就是这篇朱德写给母亲的祭文——《回忆我的母亲》（原名为《母亲的回忆》），后来刊登在1944年4月5日的延安《解放日报》上。

回忆我的母亲

得到母亲去世的消息，我很悲痛。我爱我母亲，特别是她勤劳一生，很多事情是值得我永远回忆的。

我家是佃农。祖籍广东韶关，客籍人，在"湖广填四川"时迁移四川仪陇县马鞍场。世代为地主耕种，家境是贫苦的，和我们来往的朋友也都是老老实实的贫苦农民。

母亲一共生了十三个儿女。因为家境贫穷，无法全部养活，只留下了八个，以后再生下的被迫溺死了。这在母亲心里是多么惨痛悲哀和无可奈何的事情啊！母亲把八个孩子一手养大成人。可是她的时间大半被家务和耕种占去了，没法多照顾孩子，只好让孩子们在地里爬着。

母亲是个好劳动。从我能记忆时起，总是天不亮就起床。全家二十多口人，妇女们轮班煮饭，轮到就煮一年。母亲把饭煮了，还要种田，种菜，喂猪，

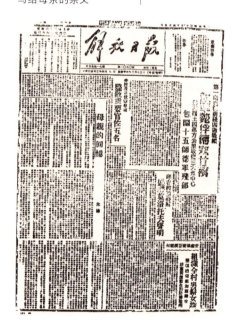

《解放日报》上朱德写给母亲的祭文

养蚕，纺棉花。因为她身体高大结实，还能挑水挑粪。

母亲这样地整日劳碌着。我到四五岁时就很自然地在旁边帮她的忙，到八九岁时就不但能挑能背，还会种地了。记得那时我从私塾回家，常见母亲在灶上汗流满面地烧饭，我就悄悄把书一放，挑水或放牛去了。有的季节里，我上午读书，下午种地；一到农忙，便整日在地里跟着母亲劳动。这个时期母亲教给我许多生产知识。

佃户家庭的生活自然是艰苦的，可是由于母亲的聪明能干，也勉强过得下去。我们用桐子榨油来点灯，吃的是豌豆饭、菜饭、红薯饭、杂粮饭，把菜籽榨出的油放在饭里做调料。这类地主富人家看也不看的饭食，母亲却能做得使一家人吃起来有滋味。赶上丰年，才能缝上一些新衣服，衣服也是自己生产出来的。母亲亲手纺出线，请人织成布，染了颜色，我们叫它"家织布"，有铜钱那样厚。一套衣服老大穿过了，老二老三接着穿还穿不烂。

勤劳的家庭是有规律有组织的。我的祖父是一个中国标本式的农民，到八九十岁还非耕田不可，不耕田就会害病，直到临死前不久还在地里劳动。祖母是家庭的组织者，一切生产事务由她管理分派，每年除夕就分派好一年的工作。每天天还没亮，母亲就第一个起身，接着听见祖父起来的声音，接着大家都离开床铺，喂猪的喂猪，砍柴的砍柴，挑水的挑水。母亲在家庭里极能任劳任怨。她性格和蔼，没有打骂过我们，也没有同任何人吵过架。因此，虽然在这样的大家庭里，长幼、伯叔、妯娌相处都很和睦。母亲同情贫苦的人——这是朴素的阶级意识，虽然自己不富裕，还周济和照顾比自己更穷的亲戚。她自己是很节省的。父亲有时吸点旱烟，喝点酒；母亲管束着我们，不允许我们染上一点。母亲那种勤劳俭朴的习惯，母亲那种宽厚仁慈的态度，至今还在我心中留有深刻的印象。

但是灾难不因为中国农民的和平就不降临到他们身上。庚子年（一九〇〇）前后，四川连年旱灾，很多的农民饥饿、破产，不得不成群结队地去"吃大户"。我亲眼见到，六七百穿得破破烂烂的农民和他们的妻子儿女被所谓官兵一阵凶杀毒打，血溅四五十里，哭声动天。在这样的年月里，我家也遭受更多的困难，仅仅吃些小菜叶、高粱，通年没吃过白米。特别是乙未（一八九五）那一年，地主欺压佃户，要在租种的地上加租子，因为办不到，就趁大年除夕，威胁着我家要退佃，逼着我们搬家。在悲惨的情况下，我们一家人哭泣着连夜分散。从此我家被迫分两处住下。人手少了，又遇天灾，庄稼没收成，这是我家最悲惨的一次遭遇。母亲没有灰心，她对穷苦农民的同情和对为富不仁者的反感却更强烈了。母亲沉痛的三言两语的诉说以及我亲眼见到的许多不平事实，启发了我幼年时期反抗压迫追求光明的思想，使我决心寻找新的生活。

我不久就离开母亲，因为我读书了。我是一个佃农家庭的子弟，本来是没有钱读书的。那时乡间豪绅地主的欺压，衙门差役的横蛮，逼得母亲和父亲决心节衣缩食培养出一个读书人来"支撑门户"。我念过私塾，光绪三十一年（一九〇五）考了科举，以后又到更远的顺庆和成都去读书。这个时候的学费都是东挪西借来的，总共用了二百多块钱，直到我后来当护国军旅长时才还清。

光绪三十四年（一九〇八）我从成都回来，在仪陇县办高等小学，一年回家两三次去看母亲。那时新旧思想冲突得很厉害。我们抱了科学民主的思想，想在家乡做点事情，守旧的豪绅们便出来反对我们。我决心瞒着母亲离开家乡，远走云南，参加新军和同盟会。我到云南后，从家信中知道，我母亲对我这一举动不但不反对，还给我许多慰勉。

从宣统元年（一九〇九）到现在，我再没有回过一次家，只在民国八年（一九一九）我曾经把父亲和母亲接出来。但是他俩劳动惯了，离开土地就不舒服，所以还是回了家。父亲就在回家途中死了。母亲回家继续劳动，一直到最后。

中国革命继续向前发展，我的思想也继续向前发展。当我发现了中国革命的正确道路时，我便加入了中国共产党。大革命失败了，我和家庭完全隔绝了。母亲就靠那三十亩地独立支持一家人的生活。抗战以后，我才能和家里通信。母亲知道我所做的事业，她期望着中国民族解放的成功。她知道我们党的困难，依然在家里过着勤苦的农妇生活。七年中间，我曾寄回几百元钱和几张自己的照片给母亲。母亲年老了，但她永远想念着我，如同我永远想念着她一样。去年收到侄儿的来信说："祖母今年已有八十五岁，精神不如昨年之健康，饮食起居亦不如前，甚望见你一面，聊叙别后情景。"但我献身于民族抗战事业，竟未能报答母亲的希望。

母亲最大的特点是一生不曾脱离过劳动。母亲生我前一分钟还在灶上煮饭。虽到老年，仍然热爱生产。去年另一封外甥的家信中说："外祖母大人因年老关系，今年不比往年健康，但仍不辍劳作，尤喜纺棉。"

我应该感谢母亲，她教给我与困难作斗争的经验。我在家庭中已经饱尝艰苦，这使我在三十多年的军事生活和革命生活中再没感到过困难，没被困难吓倒。母亲又给我一个强健的身体，一个勤劳的习惯，使我从来没感到过劳累。

我应该感谢母亲，她教给我生产的知识和革命的意志，鼓励我以后走上革命的道路。在这条路上，我一天比一天更加认识：只有这种知识，这种意志，才是世界上最可宝贵的财产。

母亲现在离我而去了，我将永不能再见她一面了，这个哀痛是无法补救的。母亲是一个平凡的人，她只是中国千百万劳动人民中的一员，但是，正是这千百万人创造了和创造着中国的历史。我用什么方法来报答母亲的深恩呢？我将继续尽忠于我们的民族和人民，尽忠于我们的民族和人民的希望——中国共产党，使和母亲同样生活着的人能够过快乐的生活。这是我能做到的，一定能做到的。

愿母亲在地下安息！

1966 年 11 月，一位意大利记者访问了朱德，这位记者问道："你一生中最大的遗憾是什么？"

朱德回答说："我没能侍奉老母，在她离开人间时，我没能端一碗水给她喝。"

十九、诗稿《家在巴山南侧住》

鹦鹉曲·战斗乃心安乐处

1963 年 3 月 20 日

家在巴山南侧住，

祖宗世代作农父。

读书不成从军去，

何畏迅雷急雨。

五十年前别家门，

为求真理前去。

平生是戎马生涯，

战斗乃心安乐处。

朱德的诗词，跳动着强烈的时代音符。我们可以听到辛亥革命起义的号角声，闻到反对袁世凯的护国战争的炮火硝烟，体会到一代爱国者为寻找救国道路曾有过的彷徨、苦闷和欣喜，震撼于他在国家民族危亡之际誓与敌人血战到底的气概，看到他为了民族独立、人民解放而战斗的英姿，感受到他那炽热的爱国主义、革命英雄主义的伟大情怀……

仪陇金城山上的德园，德字来源于朱德的手迹，为全国最大的单字石

二十、红星杨、琳琅山的传说

在朱德纪念馆的展厅内，展示着一截从山西武乡王家峪采回的树枝，其树枝横断面的芯均为正规的五角星。这棵树生长在山西武乡县王家峪，人们称这棵树为"红星杨"，是当年朱德战斗在太行山时亲手栽下的。

距今八十多年前的1940年，在武乡县一个叫王家峪的小村子里住着一支八路军队伍。对普通老百姓而言，没有人知道住在这里的部队便是闻名中外的八路军总部，那位经常和他们拉家常干农活的长者便是朱德总司令。这一年的清明节前后，天气渐渐暖和起来，八路军号召大家一起来植树。群众和战士们一起忙碌起来，这其中包括总司令。他在一条小溪旁种下了一棵普通的白杨树苗，这种树不仅易成材而且耐旱。三十多年后，这棵树长成了参天大树，奇特的是，1977年一次偶然的机会，一位在树下玩耍的小学生发现了这一奇迹：这株杨树枝芯竟成五角星形！什么原因呢？人们说因为是朱德

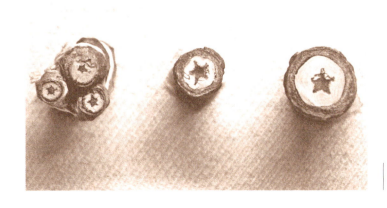

朱德纪念馆红星杨树枝横截面

143

总司令栽的！人们口口相传，红星杨的故事就此诞生！

早在 1940 年，朱德栽了棵白杨树的民谣就在根据地流传，在当年警卫战士的回忆中，也提到了种白杨，但绝没有说就是种了一棵红星杨，再说战火纷飞的年代，战士们又如何有闲心去专门找一棵树枝中有红五星的杨树苗呢？只是人们宁愿相信红星杨这样的神话，宁愿相信红星杨就是朱德总司令的化身！

在朱德故里——仪陇县的琳琅山风景区内的琳琅山，中峰突兀，五条小山梁从中峰呈放射状均匀地向五个方向倾斜延伸。在 1996 年朱德诞辰 110 周年前夕，中央电视台前往仪陇县马鞍镇拍摄大型专题片《朱德》。直升机在空中盘旋，当摄像师在千米高空将镜头对准琳

空中摄影的五星琳琅山 |

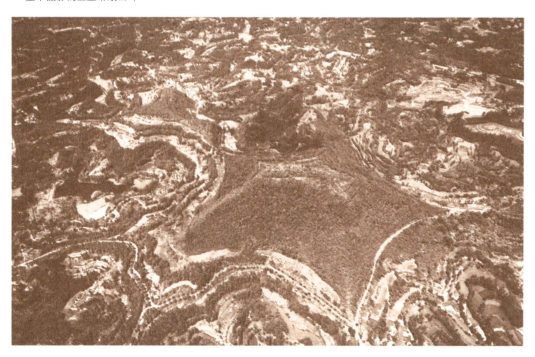

144

琅山时，突然发现这座孕育共和国元帅的山麓，其山形竟然是一个美丽的五角星形状。再仔细观察，朱德最早接受文化、科学知识启蒙教育和进步思想教育的学堂——药铺垭私塾，恰恰就居于五星的正中，南面是朱德的出生地——李家湾仓屋，东面是朱德居住了十四年之久的故居，西面是朱家祖坟所在地。以至于后来人们将琳琅山的名字前加上了两个字——五星琳琅山。

琳琅山是一座山，红星杨是一棵树。红军和中国人民解放军的帽徽是五角星，国旗和军旗上缀的也是五角星，这是冥冥之中的天人合一，还是大自然鬼斧神工的巧合，人们不得而知。但它们都与一位伟人、一位统帅、一位得道的智者朱德有关。然而这位开国元勋的一生本身就有着太多的传奇，他是佃农子弟，是元帅之首；他曾是滇军名将，是最早参加同盟会和辛亥革命的中央领导人；他曾是海外学子，会三国语言，远涉重洋在马克思的故乡德国加入中国共产党；他是红军中的"伙夫""挑夫"和总司令，打仗却从未受过伤；他是八路军总司令，在田间地头干活却和老农一样在行；他胸怀大海，意志如钢……

大 海

1956 年 7 月写于北戴河

日暖风和海水清，海不扬波报太平。

百川汇集成大海，大海宽怀永不盈。

其实朱德故里的神奇远不止这些，走进朱德故里

锤镰石（上）、轿顶山（下）｜

琳琅山景区你会看到：酷似中国共产党的党徽——镰刀、锤头交汇的天然巨石，形似古代官员头戴花翎的官帽山，神似笔架的笔架山，还有从未干涸过的琳琅井、形如马鞍状的马鞍山，它们都有一个个生动神奇的故事。

它们虽然都具有浓郁的地域特色、时代特征和人文烙印，但传承的却是中华民族最伟大的爱国主义精神。

朱德手迹：认真读书 |

朱德青少年时代大事记

1 岁

1886 年 12 月 1 日，出生在四川省仪陇县马鞍场一个佃农家庭。父亲，朱世林；母亲，钟氏。养父，大伯朱世连。

6 岁

1892 年，入药铺垭私塾读书，取名代珍。后改读于地主丁家私塾。

10 岁

1896 年，迁居大湾后入席家砭私塾，取字玉阶。

19 岁

1905 年，参加县试、府试，改名朱建德。秋，清政府诏令自丙午（1906）年停止科举考试。

20 岁

1906 年，先后进入南充县高等小学堂、顺庆府（今南充市）中学堂学习。

21 岁

1907 年，考入四川通省师范学堂附设体育学堂。

22 岁

1908 年，毕业后到仪陇县高等小学堂任体育教习。

23 岁

1909 年，到昆明，考入云南陆军讲武堂。改名朱德。冬，加入同盟会。次年夏，因学习成绩优秀，被选送特别班。

25 岁

1911 年 8 月，从特别班提前毕业，被分配到云南新军左队。见习期满后，任司务长。10 月，参加云南响应武昌辛亥革命的"重九起义"。后随云南军政府派遣的援川军入川南支援反清斗争。

26 岁

1912 年，任云南陆军讲武学校（原讲武堂）军事教官。

28 岁

1914 年，调往云南边境驻防。先后担任营长、副团长、团长。其间，在与土匪作战中，逐渐摸索总结游击战经验。

29 岁

1915 年 12 月，率部赴昆明，次年参加反对袁世凯复辟帝制的护国战争。在作战中，采用灵活机动的战术，以少胜多，骁勇善战，屡建战功。

31 岁

1917 年 7 月，参加反对段祺瑞毁弃《临时约法》的护法战争，任滇军旅长。

34 岁

1920 年，在驻防四川泸州期间，受到俄国十月革命和中国五四运动的启发，逐渐认识到"老的军事斗争的办法行不通"，必须寻找一条新的救国道路。和挚友孙炳文商议，准备出国考察。

35 岁

1921 年春，随入川滇军返回昆明，驱逐云南都督唐继尧。在同事们的挽留下，暂时放弃辞职离滇的请求，担任云南陆军宪兵司令官。

36 岁

1922 年 1 月，调任云南省警务处处长兼省会警察厅长。3 月，因唐继尧纠集旧部返回云南，被迫逃离昆明，辗转回川。7 月，到北京与孙炳文会合，筹办出国事宜。8 月，到上海先后会见孙中山、陈独秀等，并向陈独秀提出加入中国共产党的请求，遭到拒绝后，和孙炳文离沪赴欧洲考察。10 月，在德国柏林会见周恩来。11 月，经张申府、周恩来介绍，加入中国共产党。

37 岁

1923 年，抵德国哥廷根。

38 岁

1924 年，进入格丁根盖奥尔格—奥古斯特大学学习，并领导哥廷根中国留学生会。

39 岁

1925 年，在德国期间，表示："归国后即终身为党服务，做军事运动"。因参加革命活动，曾两次遭柏林警察当局逮捕。7月，由德国赴苏联学习军事。

40 岁

1926年5月，在中国共产党组织安排下，启程归国参加北伐革命。

......

参考文献

朱和平著：《永久的记忆——和爷爷朱德奶奶康克清一起生活的日子》，中国文史出版社。

[美] 艾格妮丝·史沫特莱著，梅念译：《伟大的道路——朱德的生平和时代》，东方出版社。

龙腾飞、杨恢编著：《朱德文物故事》，黄河出版社。

龙腾飞、彭冬冬编著：《朱德传奇故事》，黄河出版社。

龙腾飞主编，舒布启、曾训骐执行主编：《朱德诗词曲赏析》，中央文献出版社。

李红喜编著：《朱德——书生便应气如虹》，贵州人民出版社。

齐晓敬编著：《朱德的青少年时代》，辽宁人民出版社。

卫黄保华

蒙蒙细雨中的花明楼在群山中仿佛有了灵性，山峦绵延起伏，秀美绮丽。粼粼靳水自西而东流过，经过一户农家。青山秀水环绕的农家宅院，山花散发着芬芳，幽香沁人心骨。

刘少奇原名绍选，字渭璜。1898年11月24日（清光绪二十四年，农历十月十一），诞生在湖南省宁乡县花明楼炭子冲的一个比较富裕的农民家庭里。他在族辈兄弟九人中排行最小，所以乳名叫"九满"。

刘少奇的一生，与国防、军事和军队有不解之缘，紧密相连，17岁的他，为自己改名为"刘卫黄"，意为"保护黄种人"，捍卫炎黄子孙。他给第一个儿子起名叫"保华"，同样是保卫国家、保卫民族之意。卫黄保华，是他毕生的追求，也是对后辈的重托。

那个时代，决定了他必须为保卫炎黄子孙而拼搏，必然为振兴中华而革命；那个时代，决定了他的理想信念，文武兼备，造就了他的卓越卓荦、文武殊荣。他披肝沥胆，乘势顺民，披荆斩棘，卫黄保华，永昭史册。

| 炭子冲刘少奇故居

| 刘少奇卧室

一、耕读之家

刘少奇的祖籍是江西吉水，据《宁乡南塘刘氏初修族谱》记载，明朝中叶，刘氏家族先祖刘时显的儿子刘宝被朝廷派往湖南资阳县（现称益阳）任知县，刘时显夫妇就随儿子一起来到资阳。刘宝离任后就没有回到江西，举家迁居到花明楼南塘一带定居。刘氏家族世代安居在这块富饶的土地上，辛勤耕作，奋发读书，并以"耕读传家"。清朝康熙年间，曾任宁乡县知事、后来当了朝廷督察御史的陈嘉猷，为刘氏家族修谱作序时，曾对刘氏家族褒扬，说：南塘刘氏族虽不甚显，而族之人士俱极老成持重，耕读传家，汉书所谓孝悌力田、管子所谓秀民足赖者庶几近之，吾有以知其族之必大且昌也。

刘少奇母亲鲁氏

刘少奇兄弟出生时，已经是刘家迁居宁乡的第十三代。刘寿生最小的儿子就是刘少奇，在此之前，刘寿生夫妇已经生育了三个儿子和两个女儿。旧社会的传统农家讲究"多子多福"的观念，刘少奇的诞生为这个家庭带来了很多欢乐和希望。作为家中最小的儿子，刘少奇得到的关爱也最多，常常得到父母和哥哥、姐姐的宠爱。他小时候身体比较瘦弱，母亲鲁氏会特意为他蒸一碗腊肉或煎一个荷包蛋，但刘少奇都会与家人们一起分享。

二、私塾启蒙

1906 年，年满 8 岁的刘少奇被望子成龙的父亲刘寿生送到距离炭子冲三里远的拓木冲一家私塾读书。刘少奇开始了他的求学之路。

私塾一般利用祠堂、庙宇或私人房屋做校舍，通常只有一位教书先生。刘少奇的启蒙老师就是朱家祠堂的朱五阿公朱赞庭先生。他年过六旬，学问渊博，为人正派，颇受当地乡亲们的尊重。朱赞庭的家境也不富裕，主要靠种田为生，教书得来的收入只能补贴家用。到朱家祠堂读书的孩子有三十几个，都是当地家境一般的孩子。刘少奇在这些孩子中，年龄较小，但品学兼优，老师和同学们都很喜欢他。

朱赞庭先生家房屋前后种了许多果树。夏秋之时，树上便结满了累累的果实。有红色水灵的大石榴、黄色扑满香气的梨子，引得同学们垂涎欲滴，忍不住去采摘。刘少奇却能克制住自己，从不去做偷摘果子的事情。朱赞庭老先生看在眼里，特意摘了几个大石榴奖励刘少奇，刘少奇双手恭敬地接过石榴，没有独自享用，而是分给同学们一起品尝。在中国传统教育中，先生们都很注重对学生操行品德的培养，朱老先生当然希望别的学生都能像刘少奇一样明理懂事，成为德才兼备的栋梁之材。他因势利导，从刘少奇分石榴讲到古时"孔融让梨"的故事。启发学生要树立做人的美德，具备关心他人的高尚品格。同学们听了朱老先生的话都深受启发，也更加欣赏刘少奇这位品学兼优的小伙伴。朱老先生的教育对刘少奇少年时代的启蒙起到了重要的意义，以至几十年后，成为中华人民共和国主席的时候，他曾对身边的工作人员说："我永远忘不了这位教我识字，教我做人的启蒙老师。"

由于拓木冲路较远，一年之后，刘少奇转到罗家塘私塾读书。罗家塘私塾的先生也姓朱，叫朱熙庭，是刘少奇父亲刘寿生的朋友。朱熙庭只对读书在行，对持家之道一概不通，而刘寿生却是擅长理财持家的好手。刘寿生在生活上为朱熙庭家出谋划策，朱熙庭则让刘少奇来自己的私塾读书学习。两家取长补短，互帮互助。

在这里学习期间，刘少奇专心诵读，努力记忆，考试成绩总是第一名。在这里他读了《大学》《中庸》等古代典籍。

刘少奇常用三字经中讲的"如囊萤，如映雪，家虽贫，学不辍""如负薪，如挂角，身虽劳，犹苦卓"和《论语》中讲的"吾日三省乎吾身"这些道理，来勉励自己和同学们奋发读书。

由于炭子冲和罗家塘之间有一段距离，疼爱他的母亲鲁氏经常会在刘少奇的午饭里放上几块腊肉、熏鱼来给瘦弱的小儿子补充营养，在与小伙伴们一起吃午餐时，他总是把自己的好饭菜与小伙伴们分享。

刘少奇和小伙伴们一起读书，一起割草、放牛、游戏，那是他无忧无虑的快乐童年。

在罗家塘附近，他和小伙伴们上学时要经过一个叫寻木塘的山坳。在这个山坳中，一户人家养了一条凶恶的狗，经常到林间小路上狂吠咬人，咬伤过好几个人。从这里经过的人都非常害怕。刘少奇曾被这只恶狗冷不防地咬了一口，他非常气愤，决定和小伙伴们惩罚这只恶狗一次。一天放学后，刘少奇和几个小伙伴绕道回家拿了扁担、木棍、柴刀等"武器"来到寻木塘的山坳中，恶狗果然再次出现，向他们扑来，刘少奇和小伙伴们用准备好的"武器"向恶狗打去。小伙伴们的扁担和棍棒多次落下，都被恶狗给避开了，他们有用石头砸狗，但是被恶狗灵活地将石头叼在口中。正当小伙伴们无可奈何之时，刘少奇从口袋里掏出一团黑乎乎的东西向恶狗扔去。恶狗习惯性地张口接住，咬住那块黑乎乎的东西，立刻尖叫着在地上打滚，起身一溜烟地夹着尾巴逃走了。

小伙伴们都好奇，到底用的什么厉害的法宝，把那只恶狗给制服了。刘少奇笑着说："那是一个刚刚用炭火烤熟的芋头！外面又黑又硬，里面则又烫又软又黏，恶狗一口咬住它，想吐，吐不出，想咽，又咽不下去，能不烫得满地打滚吗!"

小伙伴们听后哈哈大笑，经过这件事后，大家都不由得对刘少奇的机智勇敢更加佩服。

三、扶危救济，乐于助人

刘少奇的家庭也不算很富有，但由于父亲、母亲的日夜操劳和几位兄长的踏实肯干，不仅日子过得不错，而且常有余粮可以对外出售。刘少奇从小聪明灵巧，在私塾读书的时候，不仅能写能算，而且非常懂事。他在家里又是最小的孩子，父亲和哥哥都很喜欢他，卖米时，不仅常喊他去帮忙，有时还将算盘和账本交给他。

因此，刘少奇经常打自己家里的主意，遇到穷苦乡亲来，只要有机会，他总是有意周济，不是多给粮食，就是少收或着不收人家的钱款。

有一天，大门外来了位农民，问："刘老先生在家吗？"家里人回答说不在家。

刘少奇家谷米加工和储藏场所

刘少奇家的酒坊和卖酒的窗口

那个人叹了一口气，转身走开。刘少奇见他愁眉苦脸，身上的衣裳破旧不堪，就追上去，喊道："叔叔，您找我父亲什么事？"

那人告诉他，家里没有吃的了，想来买点大米。

刘少奇热情地说："父亲不在没关系，我可以卖给您，说什么也不能让您白跑一趟啊！"

那人很高兴，掏出借来的钱，让刘少奇给他量了一斗米。正要扎口袋的时候，刘少奇说："等等，我再给你两升。"

那人摇摇头说："不，我没有钱啦！"

刘少奇说："不要钱，这两升米是送给您的。"

晚上，刘寿生回来了。知道了这件事，以后再也不让刘少奇帮助他站柜台了。

大年三十那天，家家准备过年，孩子们忙着扎花灯，准备好好玩一玩，乐一乐。刘少奇吃过早饭，把碗一推，去找平日的好伙伴平伢子一起做游戏。可是，当他来到平伢子家里时，看到的却是另一番景象：平常爱说爱笑的平伢子闷不吭声地靠在墙边发呆，他的父亲低着头，不停地抽着旱烟。

刘少奇关切地问，发生了什么事？平伢子的父亲郁闷地说道："眼看着过年了，家里却揭不开锅了。"

"我家有米，去借一点嘛！"刘少奇心想，村里的远亲近邻去借点米是常有的事，父亲以往还是通情达理、有求必应的。

平伢子的父亲说："傻孩子，你不知道，平时可以借米，可年下都是只收账不借支，这是多年的老规矩了！"

刘少奇长叹一声，一屁股坐到门口的矮凳上。怎么办？这时，随着身子的震动，他听到了自己长衫的口袋

刘少奇当年量谷米用的斛桶

刘少奇在家劳动时用过的工具

里发出了响声——伸手一摸，嘿，有办法了！只见他从口袋里掏出一个银圆和几个铜板，递给平伢子的父亲，说："大伯，这是我爹给我的压岁钱，您快拿去买米吧！"

老人家不肯收。刘少奇急了："大伯，我和平伢子是好朋友，我来您家没少吃烤红薯和野兔子肉，现在怎么瞧不起我了？"

老人家经他这么一说，才收下了那个银圆，一再感激地说："好吧，过了年我上山打了野味，再卖钱还给你。"

刘少奇开心地笑了。他拉起平伢子，连蹦带跳地跑了出去。

不一会儿，平伢子的父亲买回了米，总算是解了燃眉之急。

刘寿生老先生怎么也不会想到，平伢子父亲买米的钱原来是自己给儿子刘少奇的压岁钱。

四、在洪家大屋看到了不一样的人生

在罗家塘私塾之后，刘少奇又先后到月塘湾、洪家大屋、红米冲、花子塘等地私塾读书。大概一年换一个地方。这其中最好的是洪家大屋。

1909 年，11 岁的刘少奇改到距离炭子冲十余里的粉铺子洪家大屋读书。它是宁乡县芳储乡有名的大户洪家的宅院。洪家大屋依山而建，视野开阔。这所宅院墙高院深，占地面积非常之大，里面是三排九栋的整齐排列的平房。大门口两边有一对石狮子，气势不凡，彰显了这家主人的地位和身份的高贵。雇工们每天辛勤地打扫、整理院落。

洪家即是当地拥有许多土地的大户，又是科举出身，世代书香门第。少主洪赓扬的曾祖父洪葆卿是清代二甲进士出身，曾担任陕西鄜州和甘肃阶州的知府；祖父洪咏庐曾担任翰林院国史馆协修；洪赓扬的父亲洪国良是清末最后一科的举人。洪家非常注重对家中子女的教育，洪母也曾受过教育，在洪赓扬的父亲去世后，洪母对儿子寄予厚望。为使独子洪赓扬得到良好的教育，洪家邀请名师，一位受过新式教育的杨毓群先生来家中任教、开设学堂，招收周边品学兼优的孩子来伴读。

杨毓群先生曾在新开办的师范学堂任教过，是当地学问最好、最有名气的老师。所以洪家开馆办学的消息传出，附近人家纷纷慕名而来，希望自己家的孩子能在洪家学堂读书。

入学考试当日，杨先生和洪母坐镇考试。

洪母对杨先生说，入学考试一定要严格，不好的学生一个不要，不要留任何情面。因为近朱者赤，近墨者黑。她就这一个儿子，一定要给他找到最好的同学伙伴。

杨先生明白洪母的意思，他也希望挑的学生将来能挑起国之重任。

经过几轮面试，许多子弟都被淘汰了。一户地主家的儿子也来面试了，却因答不上问题急哭了起来。地主安抚着孩子，拿出一百块大洋，欲交给洪母当作教馆的资助。洪母拒绝了地主的请求，她认为好学苗才是最重要的。

轮到刘少奇面试时，洪母问道："孩子，你都读过什么书啊？"

刘少奇有条不紊地回答："我读过《论语》《孟子》《诗经》《唐诗三百首》，还有《大学》《中庸》……"

洪母满意地点了点头。

杨毓群先生出示一副对联："惠止南国；戴如北辰。你能解释一下这副对联的含义吗？"

刘少奇看着对联，仔细思考了一会儿，说道："《诗经》中有这样的诗句：'蔽芾甘棠，勿翦勿伐，召伯所茇。蔽芾甘棠，勿翦勿败，召伯所憩。蔽芾甘棠，勿剪勿拜，召伯所说。'召伯遵循周文王的德政，到南国巡行时，与老百姓同甘共苦，老百姓很感激他。《论语·为政第二》中孔子也说过'为政以德，譬如北辰，居其所而众星共之'一段话。我认为，这副对联的含义正式出自这两个典故。可以这样解释：这副对联，说老百姓希望当官的为政廉明、多做好事。如果能这样，就会得到老百姓的一致拥护，如同无数小星星拥戴北极星一样。这样，一块地方乃至一个国家就一定会兴旺起来。"

杨先生与洪母听了后都非常满意。洪母说："面试了这么多孩子，就数你与众不同，穿着朴素，沉静有礼，考题答得也好，你被录取了！"

刘少奇彬彬有礼地说："谢谢洪夫人，我一定好好读书。"

洪母喊过洪赓扬，让刘少奇和洪赓扬相互认识。洪赓扬过去，热情地和刘少奇打招呼，洪母和杨先生满意地笑着。试读几个月后，洪母和杨先生对刘少奇的各方面都很满意，就正式认可了他的伴读资格，让刘少奇免费就读。按照当地风俗，刘少奇与洪赓扬结拜为兄弟。

洪家的学堂与旧式的私塾有很大的不同，不仅就读环境非常优越，教学内容也是新式教育，不因循守旧。在课堂上再也不用每日重复地诵读四书五经，杨先生教授的是国文、算术和自然科学知识。国文课也不像以往千篇一律的"子曰诗云"，而是有了更为生动有趣的语言故事，杨先生也不会像以前的私塾先生那样靠训斥和打骂学生来督促学生学习。此外，洪家书房里的藏书对刘少奇的吸引力也很大，他常和洪赓扬一起寻找各式各样的书籍来看，《今古传奇》《世说新语》《西游记》等，这些在家中被父亲禁止阅读的书籍，在这里都可以看，没有限制。

刘少奇还发现，洪家的孩子都过着饭来张口、衣来伸手的日子。在洪家大屋的姑娘，都不用像普通妇女一样缠足，还可以和男人们同桌吃饭。而在自己家中，母亲和姐姐们都是小脚，行动、干活都很不方便，也不能和男子同桌吃饭。刘少奇多么希望全天下的女子都能像洪家的女孩子一样，可以不用缠足，自由平等地生活。

在洪家学习和生活的日子里，刘少奇与洪赓扬同窗共读，同吃同住，相互关心，两个人的感情很好。但是农家孩子的自尊使刘少奇不能与这个大财主家庭真正地融入到一起。每当闲暇的时候，刘少奇的内心总有一种莫名的孤独感。他想念他的家人和一起读书、放牛、玩耍的小伙伴们。

当父亲刘寿生检查刘少奇学习情况，得知洪家不重视四书五经、家风开明时，让刘少奇停止了在洪家大屋的学习。刘寿生认为，四书五经才是正统的教育。

洪母和杨先生再三挽留，也没有让刘寿生回心转意，刘少奇依依不舍地离开了洪家大屋，来到离炭子冲八里地的花子塘二姐家寄读。从洪家大屋回来后不久，刘少奇的父亲肺病发作，日益严重起来，几经医治，也不见好转，最终还是离世了。临终前，刘寿生拉着刘少奇的手，满怀期望地说，希望他能继续好好读书，不忘耕读传家的本，将来做一名好郎中。

花子塘的先生叫杨寿吾，是个比较开明的人，他除了教一些经书外，还给学生讲中国历史上改朝换代的故事。在这里，刘少奇以学习《左传》为主。

五、沉静好学的"刘九书柜"

随着学业的进步，在私塾里的学习内容已经远远不能满足刘少奇对知识的渴望，他开始想方设法到家中有藏书的人家借阅书籍。刘少奇有位同学叫周祖三，他家与刘少奇家只有一山之隔。周祖三的父亲周瑞仙曾留学日本东京宏文师范，在日本留学期间就加入了孙中山先生领导的同盟会。回国后，他先后在长沙、厦门等地任教。他喜欢购置新书刊，藏书很多。国文、算术、历史、地理、物理、化学、生理等方面的书籍都被分类整理好，供孩子们阅读。

刘少奇经常到周祖三家里借书和看书，他成了周家的常客。周家书房里的各式各样的新书古籍，为刘少奇打开了一个全新的世界。有关黄巢起义、太平天国运动、义和团运动等史实，都是刘少奇在周家的藏书中阅读到的。这些爱国主义历史事件和不畏强暴的反抗精神，深深地感动着刘少奇少年的心。

一年冬天，刘少奇冒着严寒来到周家读书，因为读得太入迷，刘少奇的鞋子竟然被火盆烤煳了，自己还浑

刘少奇少年时读书写字的书房

然不觉。幸好周妈妈闻到了一股煳焦味，推门进来，及时发现。

为了方便阅读，刘少奇的母亲专门整理出来一个小偏棚作为刘少奇的书房。刘少奇每次劳动归来，就在自己的小世界里阅读喜欢的书籍。这个小偏房与刘少奇母亲劳作的房间挨着，每天晚上，刘少奇都借着旁边房间的油灯光来读书，直到母亲休息了，刘少奇才点燃自己房间的油灯继续学习，为家里省了很多的油灯钱。

几年的时间，刘少奇不仅学习了《三字经》《诗经》《论语》《孟子》等传统典籍，还涉猎了《左传》《史记》《资治通鉴》《三国演义》等，以及民主思想和资产阶级民主革命的进步书籍，对卢梭、华盛顿、瓦特、达尔文等一批外国政治家和科学家的思想观点及康有为、梁启超等中国改良主义代表人物事迹都有了一定的了解。

由于刘少奇沉静好学、博通经史，在家排行老九，人们送了他一个"刘九书柜"的雅号。

六、更名刘卫黄，立志报效国家

1911 年，辛亥革命爆发。1912 年 2 月 12 日，清宣统皇帝溥仪发布退位诏书。至此，在中国历史上绵延2000 多年的帝制历史宣告终结。

1912 年夏天，刘少奇的六哥刘云庭回家探亲。刘云庭在长沙的新军中当兵，参加了部队的起义。他给家人带来了一些革命传单和书籍，其中有《辛亥革命始末记》，此书主要讲述了辛亥革命的详细经过和对中国社会的影响。从书中，刘少奇了解到辛亥革命推翻封建王朝的革命壮举，明白了世界正在发生着翻天覆地的变化。从这时起，刘少奇便非常景仰孙中山和黄兴等革命先驱者。

新的思想撞击着刘少奇年轻而充满活力的心，他要走向更广阔的世界。1913年7月，刘少奇在母亲的应允下，去报考了宁乡县的玉潭学校，即宁乡县第一高等小学。这是一所新式学堂，刘少奇以总分第一的成绩被录取。

玉潭学校开设了国文、算术、历史、地理、物理、英语、体育、音乐、图画和手工等课程。教学老师大多

宁乡县玉潭学校旧址 |

是湖南高等师范学校的毕业生，也有一些清末秀才。由于这里的老师大多兼有旧学和西学的丰富知识，而且不少老师受到维新改革思潮的影响，思想倾向进步。在这样的学校读书，正符合刘少奇的心愿。

初入学校，刘少奇一身土里土气的穿着，被大家称为"乡里伢子"。但是刘少奇对这些毫不在意，他通过自己的努力，很快地改变了同学们对他的看法。刘少奇的作文，文笔和思想性都很好，常被老师当作范文供学生们学习参考。他全面发展，门门功课都名列前茅。

刘少奇在玉潭学校学习的三年，正是国是日非、风云迭起的三年，学习生活并不平静。1915年，日本帝国主义利用袁世凯称帝的野心，迫使袁世凯接受日本旨在独占中国的"二十一条"，使中华民族又一次蒙受奇耻大辱。全国人民非常愤慨，抗日讨袁的爱国运动风起云涌。玉潭学校的一部分学生在刘少奇等人的带领下，停课讨袁，走上街头，散发传单和进行演讲，并组成了抵制日货小组，向商人宣讲"国耻"，号召广大群众团结一心，自觉抵制日货。

同年底，袁世凯冒天下之大不韪宣布复辟帝制，激起了全国民众更大的愤恨，举国再度掀起讨袁浪潮。刘少奇率领进步学生，再次投入革命洪流。在举国反对的形势下，袁世凯众叛亲离，在做了八十三天"皇帝"后，被迫取消帝制，并在全国人民的唾骂声中死去了。

为了表明保卫中华民族的抱负和决心，刘少奇将自己的字"渭璜"改为"卫黄"，寓意为保卫炎黄子孙。

刘少奇读过的有他亲笔签名"刘卫黄"的书籍《御批增补袁了凡纲鉴》和《御撰资治通鉴纲目》

　　1916年，刘少奇以第一名的优异成绩从玉潭学校毕业，学校派人将大红喜报送到了炭子冲刘少奇家中。炭子冲为此热闹了一阵子，在人们眼中，这比得上过去考上秀才或中举。

　　他在玉潭学校度过了三个难忘的春秋，这里是他青少年时代爱国热情焕发、知识才干迅速增长的地方。他对社会现状有了更进一步的了解，明白了自己身上肩负的神圣使命。毕业时，他在自己的书本上写下"天下兴亡，匹夫有责"八个大字。

七、投笔从戎，破灭的陆军讲武堂之梦

　　1916年夏，刘少奇从玉潭学校毕业后，考入设立在长沙的驻省宁乡中学。当时的中国正处在严重的社会动荡之中，进入宁乡中学后，所上的第一课就是投入长

沙市各界群众驱逐汤芗铭的斗争中。汤芗铭是袁世凯的走卒，曾被袁世凯封为"靖武将军"。他曾用极其残酷的手段杀害革命党人和群众一万六千多人，被当地人称为"汤屠户"。7月初，长沙各界群众掀起了一场驱逐汤芗铭的运动。

刘少奇和宁乡中学的三百多名学生一起接连几天来到大街上与各校学生会合，一路高喊"打到帝制余孽""汤芗铭滚出湖南"等口号。此时的汤芗铭四面楚歌，趁夜逃出了湖南，驱汤斗争取得了胜利。

长沙的驱汤爱国运动结束后，刘少奇全身心地投入到中学阶段的学习生活中。这时的刘少奇已经十八九岁，英姿勃勃。他是跳到二年级学习的，所以需要补习前面一年多的课程。文史课对刘少奇来讲不在话下，最难的是数、理、化课程。这几门课程成了刘少奇的主攻方向。他把公式、定律写在手心上，随时默记，甚至贴在了床头上，以便起来就能看到，方便记忆。经过半年的刻苦学习，刘少奇的学习成绩突飞猛进，名列前茅，令同学们赞叹不已。

放寒假时，刘少奇自己制作了一个笔筒，并在上面精心雕刻了一幅松鹤图，赋诗道："挺然百尺之，松饶有生态。舞是千年之，鹤德少尘心。"刘少奇是希望自己能像仙鹤一样高洁坚贞，为达到理

刘少奇1916年刻制的笔筒

想，坚忍不拔，百折不挠。这个刻有"卫黄作"的珍贵笔筒现今陈列在革命历史博物馆里。

18岁的刘少奇思考着自己的未来，他的志向是报国。他崇尚西汉苏武、东汉马超、马援等爱国志士，钦佩南宋岳飞的"精忠报国"的壮举，一直把他们当作自己学习的榜样。中国军阀的混战已经焦灼不堪，人民生活在水深火热之中，痛苦地呻吟着。刘少奇萌生了投笔从戎、以身许国的志向，他决定走报国从军之路。

刘少奇的从军思想得到了他的六哥刘云庭的支持。此时的刘云庭，在湖南参加护国战斗后驻扎长沙。1916年冬天，湖南省新设一所陆军讲武堂招收新学员，但必须是湘军的下级军官或者有条件的退伍军官才能报考。刘少奇请六哥刘云庭帮忙报了名。刘少奇顺利通过考试，很快接到录取通知书。

1917年春，正当刘少奇准备进入陆军讲武堂学习之时，传来了爱国将领黄兴、蔡锷在短短八天相继病逝的噩耗，举国哀悼。黄兴年仅43岁，蔡锷年仅35岁。他们都是湖南人，刘少奇从小就对这两位爱国将领十分景仰，他心痛至极。

蔡锷和黄兴的葬礼分别于4月12日和15日举行，当时在全国各界群众的要求下，北京政府决定将黄兴和蔡锷的灵柩运回长沙，以国礼治丧。出殡之日，整个长沙城内一片哀痛气氛。"百折不回古任侠；万金难买好头颅""赤手挽狂澜竟使共和光宇宙；丹心照霄汉长留英灏壮湖湘"等挽联布满了沿途的街道。刘少奇与同学们一起，怀着沉痛的心情在送葬队伍中缓缓前行，一路走到岳麓山。

不久，陆军讲武堂正式开学，刘少奇便终止了宁乡中学的学业，到陆军讲武堂报到。意想不到的事情发生了，讲武堂刚开军事课程一个多月，第一次护法战争爆发，湖南成为中心战场。讲武堂设在湖南省督军署旁边，成为交战双方攻防的重点，讲武堂在炮火中变成一片废墟。刘少奇和同学们只好脱下军装，回到乡下，刘少奇带走了不少兵书课本，回家研读。

动荡的时局粉碎了刘少奇从戎救国的志愿。但他的救国决心并未因此受到影响，决定在家自修一段时间功课，准备报考大学。

八、挣脱包办婚姻的束缚

失学在家的刘少奇，让家人感到越来越不安，他的激烈思想和行动，除了六哥刘云庭能理解外，越来越不符合家庭的要求了。母亲和哥哥们想要把刘少奇拴在家中，不要再去外面闯荡。他们觉得如果刘少奇有了媳妇，成家立业了，就不会再去外面奔波，会在家过安稳的日子。

1919 年春，在同学的帮助下，刘少奇插入长沙私立育才中学毕业班学习，他要取得一张中学文凭再去报考大学。

母亲和哥哥们为刘少奇找了本地一户周姓农家的女

儿做媳妇，周氏没有读过书，但是相貌标致，性格也温顺，周家也是当地的本分人家，口碑很好。在刘少奇毫不知情的情况下，由刘母做主，合生辰八字，送聘礼定了这门亲事。婚礼当日，刘家人准备了好几桌酒席宴请宾客，头天晚上，刘少奇的一位本家赶到长沙育才中学，对刘少奇说刘母病重，让他赶紧回家。刘少奇心急如焚，日夜兼程地赶回家中。

然而，一切出乎他的所料，母亲盛装打扮、神采奕奕地在家门口迎接宾客，家里的大门和屋内的窗户上都贴上了鲜红的喜字。来家里道喜的人络绎不绝，刘少奇周旋于这些人当中，思绪纷乱。他非常生气，但又无可奈何，毕竟这是他敬爱的母亲一手操办的，孝顺的他不能说个"不"字。他强忍着心中的不悦，勉强留在家中一晚。

整个夜晚，他没有褪去锦红喜服，没有碰新娘一下，作为新时代的青年，他觉得自己的恋爱、婚姻都应该由自己决定，这种包办婚姻他是无法接受的。新娘端坐在婚床边，熠熠红烛照着她青涩稚嫩的脸庞。刘少奇向新娘说明了一切，并说自己要回长沙继续求学。新娘流着眼泪，说："我是不会离开刘家的，既然我已与你拜过堂，那我今生便是刘家的人，便是你的人了。等你以后有了第一个孩子，记得带回家来交给我抚养，如果没有你在身边，我需要有孩子为我养老送终。"

刘少奇点点头，答应了新娘的要求。第二天清晨，刘少奇告别了母亲和宾客，收拾好行装，回到长沙继续上学。刘少奇对周氏充满了尊敬和同情，曾多次写信回家，希望她能改嫁，找到一个好归宿。

九、留法勤工俭学预备班

时局动荡，刘少奇放弃了上大学的计划。正当刘少奇苦恼之时，北京华法教育会正在组织青年去法国勤工俭学。1919 年，刘少奇进入育德中学留法预备班第三班学习。

青年刘少奇

这里的教学很特别，采取的是半工半读的方式，即半天读书，半天劳动。每天上午学习两个小时的法语和两个小时的机械制图课，下午进行四个小时的劳动实习或参加集体活动。法语教学进度很快，每天需要记60—80 个单词，口语也要练习。

校长王国光还主持创办了一份校刊，谈论古今，介绍国内外形势、俄国十月革命和布尔什维克党的革命主张。当时《新青年》这样的进步刊物也在学校里公开陈

育德中学旧址

列，它起了极大的作用，拥护一切进步的东西。通过学习与劳动实践，刘少奇和同学们迅速成长起来。

1920年夏，刘少奇从育德中学留法预备班毕业，他满怀憧憬地来到北京，向华法教育会咨询去法国的办法。5月9日，第12批赴法勤工俭学的学生已经出发，下一批的学生正在组织当中。当时的华法教育会有了新的规定，留法费用一律自付，而且比以前更贵了。以前去法国勤工俭学的学生，有的获得了政府发放的部分补助费，有的获得了法国政府免费赠送的船票，但是到刘少奇这批时，已经全部没有了。这时的留法勤工俭学活动，正处在衰落之中。第一次世界大战已经结束，法国的劳动力不再紧张，法国出现了生产力过剩，已经不好安排工作。法国当局不仅开始阻止中国留学生入境，一些留法的学生还被遣送回国。在这种情况下，华法教育会发出通知，停止赴法勤工俭学的选送工作。

准备了一年多的留法勤工俭学计划就这样彻底泡汤了，这对一心希望赴法寻求救国真理的刘少奇来说，无疑是一个不小的打击。

刘少奇在北京找不到留学的门路，又因直皖战争爆发，交通阻绝，没有办法回到湖南老家。身上的钱已经快用完了，他寄宿在北京鼓楼附近的一位同学家里。他每月只能吃三元的包饭，当时已是穷困潦倒，疲惫不堪。

十、到俄国寻求救国真理

幸运的是，直皖战争结束，两个多月后火车开通，刘少奇终于回到湖南。他打听到长沙有人筹划去俄国留学。俄国十月革命的胜利已经为广大进步青年所了解，人们对去西方寻求真理的注意力也转移到俄国。刘少奇决定改赴法勤工俭学为赴俄留学，到十月革命的发源地，到列宁的故乡去。

刘少奇通过原玉潭学校老师梅冶成的关系，在长沙找到何叔衡，通过何叔衡与长沙俄罗斯研究会有了接触。长沙的俄罗斯研究会是由毛泽东、何叔衡等湖南革命人士于 1920 年 8 月发起组织的。他们在稍后开始筹建社会主义青年团。长沙船山学校校长贺民范在这个过程中起了不小的作用，贺民范在社会上有一定名望，与陈独秀也有交往。刘少奇通过何叔衡认识了船山学校校

中国社会主义青年团
中央机关旧址

长贺民范。贺民范见到刘少奇,两人相谈甚欢,他被刘少奇的好学和报国的热情所感动,于这年的初冬,介绍刘少奇加入长沙社会主义青年团,随后又写了一封介绍信介绍刘少奇去上海外国语学社学习俄文。长沙共产主义小组和社会主义青年团的成员后来为中国革命的胜利作出了很大的贡献。

1920年8月间,任弼时、肖劲光、任岳、周昭秋、胡士廉和陈启沃一行6人从湖南赶到上海,成为外国语学社最早的一批学员。刘少奇、罗亦农、卜士奇等是在九十月间从湖南陆续来的。刘少奇当时比任弼时、肖劲光等年龄大一些,他们把刘少奇作为老大哥看待,对他很尊重。大家都是朝气蓬勃、乐观向上的热血青年,这个群体里的和谐和有目的性,是刘少奇等以往不曾感受过的。

此次赴俄计划,刘少奇终于说服了家里人,得到了支持。在得到母亲的同意后，两位哥哥卖了家里一部分粮食和几头猪，剩下不够的钱，由刘云庭支持。刘云庭从自己的工资里预支了一部分钱，又向自己所在的连队借了一部分。当刘少奇从刘云庭手中接过那沉甸甸的白洋，感激不已。

到达上海后，刘少奇立即给家里写了一封书信，向母亲报了平安，并说将在上海学习几个月俄文后立即启程赴俄。他在信中说："我离开祖国远行，离开母亲，正是为了祖国，也是为了母亲啊！"

为了便于去俄国后的学习和工作，讲授俄语课的共产国际代表维金斯基的夫人库兹涅佐娃，要求学员们在几个月内掌握俄语的几千个常用单词和最基本的语法，做到具备初步听、读、写、说的能力。因此，学习任务

| 上海外国语学社旧址

十分艰巨。

刘少奇在学习中十分刻苦、努力，他给同学们留下了深刻的印象。肖劲光曾经回忆说："少奇同志几乎没有个人爱好，从不闲聊，也不随便上街，我们虽然不住在一起，但是看见他的时候，他多是在学俄文，阅读《共产党宣言》，思考着中国革命的问题。"

1922年春，刘少奇与任弼时、肖劲光、曹靖华等十几个人分在一个小组，这样既缩小了目标，方便行动，又是有组织的，可以相互照顾和帮助。他们拿到了前往俄国的护照、船票和去莫斯科学习的介绍信。

去苏俄之前，刘少奇等人都精心地化了装，打扮成从事各种职业的旅客，表现出的"气质"也尽量与各自的"职业"相适应。刘少奇、肖劲光化装成裁缝，任弼时化装成理发师，曹靖华化装成新闻记者等。大家都装作互不认识，只是暗地里相互关照，以眼神来"说话"，以约好的动作来交流。刘少奇机警得像一只带头的大雁，时刻警觉着，不敢有半点疏忽。

十一、奔向莫斯科

1921年4月，刘少奇等十几位社会主义青年团团员从上海登上了奔向莫斯科的轮船。他们从上海乘轮船到海参崴，从海参崴改乘火车到莫斯科。刘少奇等在太平洋上航行了一个多礼拜才到达海参崴，航程2000多千米。由于刘少奇等人中多是南方人，对北方的气候情况不甚了解，谁也没带棉衣棉裤。到达海参崴后，与上海的春意盎然、温暖和煦不同，海参崴到处是冰天雪地，奇冷刺骨。他们被冻得瑟瑟发抖。好在这里的中国居民不少，他们急忙找了一家中国人开的小旅店住下，仍然冻得吃不消。

这时，苏联红军已经控制了伯力（今哈巴罗夫斯克），与日本控制的海参崴形成对峙。因此，当刘少奇等人一到海参崴，就被北洋政府驻海参崴领事馆盯上了。他们误以为刘少奇等人是孙中山派往苏联去的，借故把他们几个抓起来审问。刘少奇他们不知道在哪个环节上出了纰漏，只得见机行事。

领事馆大厅里摆开了阵势，审问者在桌前正襟危坐，两厢站立刀枪手，一个个粗壮魁梧，杀气逼人。

"叫什么名字？哪里人？干什么的？要去哪里？"审问者首先审问刘少奇。

当时，南方人到这里打零工的很多，主要从事理发、裁缝等手艺活。刘少奇虽然初临审问场面，但事前做了些精神准备，特别是他对自己所带的这一组人的巨大责任感，使他把恐惧放在了一边。他始终神态自若地应付着眼前的一切，他故意用浓重的湖南地方口音一一回答问题，不露半点破绽。他说自己是湖南人，因家乡受灾，颗粒无收，衣食无着，迫不得已背井离乡，出来做手艺，谋个生计。

听了刘少奇的回答，审问者的口气缓和了些。他又问刘少奇会些什么手艺。

刘少奇连说带比画，说木工活、铁工活，还有裁缝都拿得起来。审问者将信将疑，用逼视的眼光在刘少奇身上来回地打量。他还命手下的人上前查看刘少奇的双手。

手掌向上翻，暴露在眼前的是一双老茧还没有完全蜕掉的手。这是刘少奇在留法预备班工厂近一年的实习中留下的。这是一双劳动者的手，就是人长得秀气了点。审问者挥挥手，让刘少奇站立一旁。

刘少奇的应对自如，给其他几个人壮了胆气，原来忐忑不安的心平静下来。他们的回答也没有露出破绽，审问者见这些人都是叽叽喳喳的南方口音，又是小孩子模样，料想应该不是那种要抓的对象，就把刘少奇他们都放了。

经过这场波折，同伴们都对刘少奇格外佩服，对他更加信任。

刘少奇一行机警脱险后，根据原来的安排，迅速与第三国际驻海参崴的秘密联络机关和海参崴大学的教授伊万诺夫接上头。伊万诺夫得知他们曾被海参崴中国领事馆审问，觉得他们不宜在这里久留，告诉他们应该马上去伯力，红军驻守在那里，以免节外生枝，再发生不测事端。伊万诺夫当即给他们每人发了一张用俄文打印的秘密通行证，再三嘱咐要他们妥善保管好，只有见到苏联红军方可出示。如果通行证被白俄或者日本人发现了，他们就有生命危险。

在伊万诺夫的周密安排下，刘少奇等人乘上了去伯力的火车。火车在风雪中行驶得很慢，在暮色苍茫中到达乌苏里。乌苏里是苏联红军和日军防线的交界处，伊曼河大桥贯穿南北。桥南是白区，即由日本控制的区域。桥北是红区，即由苏维埃俄国控制的区域。由桥南去桥北，各要口都有日军把守着，检查十分严格。

刘少奇急忙招呼大家下车，仍按原来三三两两分散的形式，夹杂在人群里前行。他们挤过检查站，不知所向地走了一程，清点人数时发现少了任弼时，刘少奇和大家都万分着急，为任弼时担心，一时又无可奈何，只得继续往前走。

这时，一辆既不打灯又没有鸣笛的火车缓缓驶来，刘少奇他们来不及多想，一个个纵身攀上了这辆只有三节车厢的火车。

列车工作人员发现有人爬上车来，便上前盘问。刘少奇等看他们身上没有什么标志，担心对方是白匪军，回答时有点吞吞吐吐，这就更引起了列车人员的警觉。他们吓唬这些年轻人，虽然听不大懂对方说话，但从他们做的手势和严厉的表情可以猜得到：如果不老实交代，就把他们全部枪毙。

这时候，一位同学身上的秘密通行证被发现，同学们紧张地屏住了气，生死攸关的时刻令他们感到窒息。

突然一阵爽朗的大笑，划破了宁静的夜空。大笑的人亮出了苏联红军军官的证件。刘少奇他们弄清这些列车人员就是红军以后，都不约而同地把自己的秘密通行证掏了出来，眼睛里闪着激动的泪花。

没有国界的"同志"情谊，立刻把距离和陌生感都消除了。红军把他们安排到列车长工作室谈话，给予了热情的款待。他们饱饱地吃了一顿，还美美地睡了一觉。醒来之后，他们发现已经到达伯力。

这时候的任弼时也赶到了伯力，他平安无事。任弼时向大家讲述了他的脱险经过。原来，他和肖劲光在一起，一前一后，在检查站肖劲光被放行了，任弼时却被扣留了。任弼时在北方挨冻受冷后开始感冒发烧，检查者怀疑他得了鼠疫，被扣了下来。量体温时，他急中生智，将体温表偷偷夹在腋窝外面一点，使得量出来的体温是正常的，才将他放行。任弼时乘另一班车赶了上来。大家都夸任弼时机灵。

在伯力休息五六天后，他们的体力得到完全恢复，行装也改换了。他们决定分水、陆两路出发，刘少奇等人乘轮船，任弼时等人坐火车，约定在布拉戈维申斯克会合后再乘火车经赤塔去莫斯科……

历经三个月的行程，1921 年 7 月，刘少奇一行抵达莫斯科。

新中国成立后，他在访问苏联时曾对苏联人民说起这段旅程，他说："为了学习十月革命的经验，1921 年春，我和其他几十个青年团员，第一次来到你们的国家。我们从上海到海参崴（今符拉迪沃斯托克），经过赤塔到莫斯科。……走了三个月……当时你们的国家处在革命后最困难的时期，我们看到了并且亲身经历了这些困难。我们当中有部分人对于社会主义的信心发生了动摇，但是我们另一部分人对于社会主义的信心却因此而更加坚定了。"

十二、为共产主义事业奋斗终身

莫斯科，是当时中国进步青年向往的"红都""圣地"。终于抵达梦想已久的莫斯科，刘少奇的心情是激动无比的。他们用惊奇的目光看着这里的一切。雄伟的克里姆林宫和圆顶大教堂，宽广的红场，干净、宽阔、笔直的街道，精神抖擞的红军战士，淳朴可爱的市民。

这里没有租界，没有流浪街头的乞丐，没有神气十足的阔老爷，有的是为幸福生活而忙碌的人们，一派欣

| 莫斯科红场

欣向荣的景象，这是多么令人向往的生活，多么令人向往的社会！

他们赶到莫斯科的时候，适逢共产国际第三次代表大会在莫斯科召开，他们被安排住进共产国际的招待所，作为东方民族的代表轮流参加会议旁听，和共产国际的领袖以及世界各国共产党的代表们坐在一起讨论世界革命的问题。刘少奇有幸见到了列宁，聆听了列宁震撼人心的报告。

莫斯科东方大学旧址

大会一结束，刘少奇等人便进入莫斯科东方大学中国班学习。他们是东方大学的第一批中国学员。在学习期间，为了防止将来回国革命时暴露身份，中国学生每人都取了一个俄文名字。

1921年10月，莫斯科东方大学正式开学，刘少奇等人搬入了集体宿舍。他们在莫斯科东方大学的学习是井然有序的，完全采取军事化管理。每天早晨，学员们跑到操场上列队操练，然后用冷水洗一把脸，吃块黑面包，就去上课。课程安排得很紧，有听课，有报告，还有讨论和自学，有时还参加一些重要的政治活动。

1921 年冬天，刘少奇在莫斯科东方大学转为中国共产党党员，莫斯科东方大学的中国班建立了中国共产党旅俄支部，刘少奇是支部的负责人之一。

1922 年元旦，东方大学组织新年联欢会，要求在校学习的各国各民族学生都要表演一个节目。中国留苏学生排练了一出关于中国封建军阀和资本家相勾结，镇压工人罢工和中国工人阶级进行英勇反抗的独幕剧。刘少奇不会演戏，但是为了带头，带动大家积极参加联欢活动，他便报名参加，演工人角色。彭述之扮演北洋军阀直系首领吴佩孚，肖劲光也参加了演出。由于属于自编自导的剧目，每个演员都以自己的想法和方式来诠释自己的角色。刘少奇为自己设计的角色，是一个流着鼻涕、穿着破衣烂衫、耷拉着肩膀的人。有人说这种扮相不好，但刘少奇却认为，中国的工人苦难深重，应该就是这个形象。后来刘少奇回忆说，虽然这是一次舞台艺术创作，却成为他从事工人运动、组织无产阶级开展武装斗争的契机。

1922 年春，中国共产党的革命工作已经展开，急需拥有马克思主义理论基

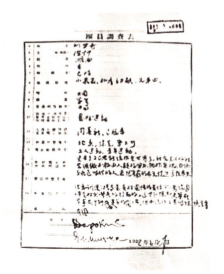

1922 年 1 月 17 日，刘少奇填写的中国社会主义青年团团员履历调查表

刘少奇同志影像

础又有实践经验的骨干力量，刘少奇被通知提前回国参加革命运动。接到消息，刘少奇万分激动，他历经千辛万苦来到莫斯科，学到了马克思主义的真理，现在他要把已经掌握的救国救民的"真经"带回自己的祖国。刘少奇坚决听从党的号召，踏上了回国的征程。

从此以后，刘少奇把自己毕生的精力都奉献给了中国的解放事业，矢志不移地投入到中国共产党领导人民进行的争取民族独立和祖国富强的伟大革命斗争中。

花明楼

| 刘少奇同志铜像

1951 年 12 月，刘少奇视察南昌舰时，为该舰指挥员题词"为保卫祖国的海岸而奋斗"

刘少奇青少年时代大事记

1 岁

1898 年 11 月 24 日，诞生于湖南省宁乡县花明楼炭子冲一个农民家庭，取名刘绍选，字渭璜，小名"九满"。父亲，刘寿生；母亲，鲁氏。

8 岁

1906 年，开始上私塾，先后在拓木冲、罗家塘、洪家大屋读私塾 5 年。沉静好思，酷爱读书，被人们誉为"刘九书柜"。

9 岁

1907 年，在罗家塘读私塾。

10 岁

1908 年，在月塘湾读私塾。

11 岁

1909 年，在洪家大屋读私塾。

12 岁

1910 年，6 月 25 日父亲病逝，辍学。

13 岁

1911 年，在家自学，从同学家借书看。辛亥革命爆发，受六哥刘云庭影响，读《辛亥革命始末记》，让姐姐剪掉辫子。

14 岁

1912 年，入西冲山芳储小学堂读书。

15 岁

1913 年，以第一名的成绩考入宁乡县第一高等小学（玉潭学校），此校为宁乡四大书院之一。

16 岁

1914 年，在玉潭学校就读，练武术、踢足球。

17 岁

1915 年，在玉潭学校就读，参加县城举行的反对袁世凯与日本签订丧权辱国的二十一条的爱国运动。从此，他立志捍卫中华民族的利益，保卫炎黄子孙，将名字"渭璜"改为"卫黄"，在书本上写下"天下兴亡，匹夫有责"。

18 岁

1916 年夏，考入设在长沙的驻省宁乡中学。参加悼念黄兴、蔡锷活动。抄记挽联。

19 岁

1917 年 3 月，受武力救国思想，到谭延闿在长沙开办的湖南陆军讲武堂学习军事。战乱中，刘少奇回到家乡。

20 岁

1918 年，在家自学，帮哥哥刘作衡经营米店。复习和自学了中学的全部课程和一部分大学课程。还阅读了《御批增补袁了凡纲鉴》和《御撰资治通鉴纲目》等历史书籍。

21 岁

1919 年春，插入长沙私立育才中学毕业班学习。3 月，被母亲和哥哥以"母亲病危"为由诱回家中结婚，第二天逃婚离乡。夏，在长沙参加学生爱国运动。以毕业考试第一名成绩，取得中学毕业文凭。暑假，到北京。考了北京大学等几所学校，均被录取，但因交不起学费和思想有了变化，决定赴法勤工俭学。9 月，入保定育德中学附设高等工艺预备班（即留法预备班）半工半读。

22 岁

1920 年 6 月，在留法预备班毕业。因时局变化，改赴法勤工俭学为赴俄学习。8 月，返长沙。初冬，经长沙俄罗斯研究会和船山学校校长贺民范的介绍，加入中国社会主义青年团。冬，投身"驱张敬尧"运动。经贺民范介绍，到上海进入外国语学社学习俄文。

23 岁

1921 年春，赴苏俄留学。7 月初，抵达莫斯科。7 月 18 日—8 月 6 日，列席旁听共产国际第三次代表大会。10 月，进入莫斯科东方大学学习。学习生活条件十分艰苦，但仍然坚持学习，自排戏剧。冬，由中国社会主义青年团团员转为中国共产党党员。任中共旅俄支部委员。

24 岁

1922 年春，被通知提前回国参加革命运动，刘少奇踏上回国的征程。

从此以后，刘少奇把自己毕生的精力都奉献给了中国人民的解放事业，矢志不移地投入到中国共产党领导人民进行的争取民族独立和祖国富强的伟大革命斗争中。

参考文献

刘源著：《梦回万里　卫黄保华——漫忆父亲刘少奇与国防、军事、军队》，人民出版社。

朱元石著：《刘少奇的非常之路》，人民出版社。

李平编著：《刘少奇——为真理而战斗》，贵州人民出版社。

张殿兴编著：《刘少奇的青少年时代》，辽宁人民出版社。

愿相会于中华腾飞世界时

周恩来赴日留学前夕给同学的留言"愿相会于中华腾飞世界时"

1917年，周恩来在去日本留学之前，为送别他的同学写下了"愿相会于中华腾飞世界时"，这是周恩来在一百多年前的中国梦。

这盛世，如他所愿，山河壮丽，国泰民安。

开国大典的时候飞机不够，他说飞两遍；现在再也不需要飞两遍了，要多少有多少。当年送他的十里长街，如今已是十里繁华。

五十多年的革命生涯，二十多年的总理任期，日理万机，周恩来鞠躬尽瘁，死而后已。他离去，骨灰洒向祖国大地，十里长街百万群众洒泪送别。

周恩来的一生格局宏大，气象万千，这与他本人的禀赋和后天的坚韧努力分不开，也与培育他的沃土——学校教育紧密相连。

一、家世渊源

周恩来的祖籍是浙江绍兴。在绍兴的周氏祖屋"百岁堂"三门上有一副对联："莲溪绵世泽；沂国振家声"，记述了周氏家族的绵延。

周恩来的祖父叫周骏龙，又名攀龙，后更名起魁。原是浙江绍兴人，后来在淮安县当师爷，到晚年才得到一个知县的职位，但前任知县有后台，迟迟不离位，拒不交印。周骏龙正式走马上任后，因病体难支，不久便去世了。周家本是名门望族，从此日趋衰落。周骏龙撒手人寰时没给四个儿子留下田产，只有那座大宅院。

周恩来的父亲周贻能，后更名劭纲，字懋臣。他是周骏龙的次子，大排行七，1874年出生于浙江绍兴，

周恩来故居，位于淮安市淮安区驸马巷7号，1898年，周恩来在这里出生。六岁时迁居清江浦，十岁时带着两个弟弟又回到这里，直到十二岁离开淮安去东北。

周恩来诞生的厢房

周恩来父亲周贻能

幼年时随其父由浙江绍兴迁居江苏淮安。1897年，娶淮安府清河县知县万青选的女儿万冬儿为妻。生了三个儿子，长子周恩来，次子周恩溥，三子周恩寿。

周恩来的母亲万冬儿，人称万十二姑。周恩来的外祖父万青选，在淮阴清河县做县知事及淮安知府三十年，官声不错。万冬儿生于清光绪三年（1877年），是万青选的第十二个女儿，自幼聪明伶俐，性格开朗活泼，格外得到父亲宠爱。万青选出门会客，经常带着她，参加各种礼仪活动，万冬儿多是静静地倾听，耳濡目染，学到了许多社交本领，无论是在万家，还是嫁到周家，她都很会处事，是大家庭的主心骨，善理家财。

1897 年，20 岁的万冬儿由父母做主，嫁给山阳县周骏龙的次子周贻能为妻，一年后，1898 年 3 月 5 日（清光绪二十四年），头胎就生了个男孩，这就是周恩来。

二、大鸾的三位母亲

传说周恩来的母亲万冬儿在临盆之前，曾做过一个梦，梦见有一只鸾凤般神鸟飞入怀中，全家人都认为这是吉祥的预兆。孩子生下来，果然眉清目秀，气宇非凡。祖父周骏龙给孩子起了个乳名，叫大鸾。传说中，鸾是一种与凤凰齐名的神鸟。

周恩来的学名恩来是由父亲周贻能所起的。家谱上，周恩来排"恩"字辈，恩者，爱也。来者，未来也。古人还有一个说法，"恩自日边来"。就这样，一个乳名"大鸾"、学名"恩来"的孩子，来到这纷扰的人世间。

1899 年初，周恩来最小的叔父十一叔周贻淦病重，周贻淦身患肺结核，常常虚汗涔涔，口吐鲜血。在当时，肺结核就是宣判了病人的死刑。周贻淦结婚才一年，刚刚二十岁，新娶的陈氏满怀忧虑，全家也深陷痛苦之中。此时，有一位亲戚向陈氏提出一个办法，假如把"大鸾"过继给她和她的丈夫，就能让周

周恩来生母万氏

贻淦的病情好转起来，依旧俗这叫作"冲喜"。为了挽救小叔的生命，万冬儿慷慨地应允了，她把不满周岁的周恩来抱给了十一婶陈氏，陈氏含着感激的泪水，接受了襁褓中的婴儿。

"冲喜"也没能挽救周贻淦的生命，周恩来过继给十一叔不久，十一叔周贻淦就去世了。

在周恩来的记忆中，生母万冬儿很漂亮，为人善良，性格爽朗。万冬儿是位大家闺秀，出嫁前就是万府的"当家姑娘"。嫁到周家后，因为婆婆年迈体弱，渐渐地就由她主持家务，成了周府的"当家媳妇"。为了缓解大家庭内部的矛盾，她经常多方奔走，排忧解难。在处理这些家务的时候，常常带上幼小的大鸾，万冬儿开朗直率的性格、处理事务精明果断的才干，记在周恩来幼小的心里。而破落官宦家庭的诸多陈规陋习也给童年的周恩来留下了深刻印象，看到母亲呕心沥血的维持，令他心痛不已。

幼年的周恩来就由守寡的十一婶陈氏抚养。陈氏，1878 年出生在宝应县一个书香门第，在娘家排行三，人称陈三姑。她的曾祖父曾中过状元。父亲陈源是个秀才，通经史、擅诗词，兼通医道。由于陈源没有儿子，他把这个最小的女儿当作儿子培养，陈三姑几岁便被送进

周恩来嗣母陈氏

家塾，十几岁就能赋诗填词。陈源为人生性恬静，温文尔雅，其秉性、修养也传给了女儿。陈三姑知书达理，性格温和，待人诚挚，办事细心，自幼喜好诗文书画，有广博的学识和文学修养，属于典型的中国传统才女。只是陈三姑命运不济，嫁给周贻淦一年便守寡。平素她几乎足不出户，终日不是写诗填词，便是刺绣绘画。房间的书柜上，置放着《浮生六记》《再生缘》《天雨花》《红楼梦》《说岳》《幼学琼林》《弟子规》等著作，墙上则挂着她画的墨梅、兰花、仕女图。她的最大慰藉就是嗣子周恩来。

陈三姑还托人在当地农家，为周恩来请了一位勤劳善良的乳母——蒋江氏。

乳母蒋江氏是个善良、慈爱、淳朴、宽厚的农家妇女。她的关爱让童年的周恩来增添了来自劳动阶层的滋养。与乳母的共同生活中，这位农家妇女教给周恩来的是另外一种知识，比如吃米饭时，乳母会把播种、插秧、收割、舂米的事情讲给年幼的周恩来听。在周恩来长大一些的时候，她又带着周恩来到乡下家中去玩。在乳母家里，周恩来亲眼看到了农民的耕耘劳动，理解了嗣母陈氏教给他的"锄禾日当午，汗滴禾下土。谁知盘中餐，粒粒皆辛苦"的含义。他不仅结交了乳母的儿子等穷苦朋友，而且亲身体会到了农民耕耘的艰辛。从乡下回来后，在乳母的帮助下，周恩来在庭院里种了玉米、南瓜和一些蔬菜。这种田园劳动的收获，让周恩来进一步增加了"春种一粒粟，秋收万颗子"的感性认识，对于陶冶周恩来的性情，发生着潜移默化的作用。

周恩来后来在回忆童年生活时曾说到三个母亲："我的生母慈祥、温柔，但文化不高，因为万家认为女人不应该接受教育。可是我从她的身上学到了善良和宽容大度的品德。我的生母是个爽朗的人，因此我的性格也有她的这一部分……我与世无争。我的嗣母才学出众，她的父母很开明。她教我热爱知识，学会动脑筋。我的奶妈把我带到大运河边她自己的家里。我从她那里了解到劳动人民是如何生活的。她教我大公无私。"

三、承师启蒙

周恩来的第一位启蒙老师是他的嗣母陈三姑。周恩来三四岁时，每天跟着嗣母读书认字，背诵唐诗宋词，学习《弟子规》。嗣母还给周恩来讲了许多淮安流传极广的民间故事，用故事中的人物启迪周恩来的爱国心和正义感。周恩来刚满五岁就开始练习毛笔字，为了练好字，他常常站在方桌前，悬肘握笔，一丝不苟，认真苦练，他还用毛笔沾水在光滑的地板上反复练习。后来在蒙师指导下，学颜体临魏碑，字体自成一格。

周恩来五岁时入家塾开蒙，第一位蒙师是周贤胜先生。这位老师是龚荫荪引荐的，龚荫荪的母亲是周恩来嗣母陈三姑的三姨，论辈分龚荫荪是周恩来的姨表舅。周家对周恩来的拜师开蒙十分重视，日子选在 1903 年 3 月 5 日，周恩来 5 岁生日这天，开学仪式非常隆重，家塾里每个孩子都穿戴得衣帽齐整，如同过年一般。

周恩来在生母和嗣母的带领下来到学馆。先是周贤胜先生点起香烛，带领学生们祭拜孔子牌位，然后家长们请先生坐下，叫周恩来拜师。周恩来毕恭毕敬地向先生鞠躬，周先生也作揖答礼。从这天起，周恩来开始了他的求知旅途。

周贤胜精心事教，虽然讲的也是塾馆的必修课《三字经》《百家姓》之类，但他在讲解中把典故讲成小故事，生动有趣，让同学们爱听易懂。他还讲淮安深厚的人文历史和在这片土地上历代先贤们的可歌可泣的事迹。韩信、梁红玉、关天培、枚乘、吴承恩……这些淮安籍的杰出人物的名字从小就镌刻在周恩来心中，他立志要像

周恩来童年读书处旧址位于淮安市清河区漕运西路 174 号，周恩来六岁到十岁在此读书和居住

周恩来童年就读过的
私塾书桌

他们一样，长大后建功立业，也做一个名垂青史的人。

1904 年，六岁的周恩来随父亲、生母、嗣母和弟弟一起，搬到清河县清江浦镇（今江苏省淮阴市）外祖父家居住。周恩来在外祖父的家塾里继续读书，在这里周恩来和几个表兄弟一起度过了一段快乐时光。外祖父万青选病逝后，留给万家满书房的书。这些书，有诗词歌赋、通鉴野史，还有很多小说，正好满足了周恩来的求知欲。在这里，他的第一部小说是淮阴人吴承恩写的《西游记》。这里面的神话故事，对他开阔思路有很大帮助。他从中也明白了探求真理不畏艰辛、正义最终战胜邪恶等道理。周恩来后来回忆说："我小时候在私塾念书，从 8 岁到 10 岁我已开始读小说。我读的第一部小说是《西游记》，后来又读了《镜花缘》《水浒传》《红楼梦》。"

不幸的是，1907 年、1908 年，周恩来的生母万冬儿和嗣母陈三姑相继因肺结核病去世，这改变了年幼的周恩来的全部生活。死神没有眷顾这两位贤良的女子，她们唯一割舍、放心不下的，是那个小小的男孩儿。他本该有着幸福无忧的童年，却过早地经历了生离死别。周恩来在极度悲痛之中，给嗣母办完了丧事，并带着两个弟弟搬回淮安驸马巷。周恩来写过一篇《念娘文》。后来，他满怀深情地说道："直到今天，我还得感谢母亲的启发。没有她的爱护，我不会走上好学的道路。""嗣母终日守在房中不出门，我的好静的性格是从她身上承继过来的。"深情地表达了对母亲的感情。

周恩来童年读书处院内生长着一株周恩来栽植的腊梅，如今这株腊梅每逢寒冬腊月盛开，香气袭人

由于父亲和伯父在外地谋生，小叔父早逝，三叔父周贻奎又是个身体偏瘫的残疾人。在周家同辈人中，年龄最大的当属周恩来了，因此他又担当起主持家政的责任。这个家已是债台高筑，少年周恩来不得不强装笑脸继续去典当借债度日。这一时期，是他最困苦的时期。几十年之后，周恩来回忆道："封建家庭素来好面子，摆空场面，宁可债台高筑，不肯丢掉面子。因此，我从小就懂得生活艰难。父亲常外出，我10岁、11岁即开始当家，照管家里柴米油盐，外出应酬，在这方面，给了我一些锻炼。"他还说："我小的时候，是一个破产的封建家庭子弟，只有十一二岁，母亲死了，父亲在外谋事，我就是靠天天借债过日子，最不好受了，借了债还得给人家去磕头，拜圣人。"

在外谋生的父亲每月16元薪俸，只够他自己糊口，家里经济更加拮据。所幸的是，回到淮安以后，叔母八婶让他们住在自己的东屋，还主动承担起他们兄弟三人的起居饮食和洗衣缝补。平时，八婶给人家缝缝补补，纳纳鞋底，周恩来则帮助八婶料理家务。

手头窘迫时，他便奔走借债，或是将两个妈妈留下的一些遗物送进当铺典当。为了节省开支，八婶在后院里种点蚕豆瓜菜，他也常常帮助浇水、锄草。周恩来靠自己的劳动来维持生活。当时他还小，没有锄头高，但是他不怕吃苦，辛勤耕耘。秋天，玉米和南瓜都长得好大好大，成了一家人的主要口粮。周恩来认识到是社会黑暗造成了人间的贫富之分，从此，他萌发了反封建的意识。

有一天，周恩来不由自主地来到他原先读书的书房，坐在凳子上，看着满屋尘土，空着的书房静极了。他用过的书桌仍然放在原处，上面落了一层厚厚的灰尘。他回忆起入学那天，吃糕分粽，又放鞭炮，万妈妈和陈妈妈比什么都高兴，眼睛笑得眯成一条缝。后来，他每天都在这里读书、写字，表妹不认识的字都来问他。而现在，两位妈妈都去世了，父亲远在他乡，生活都十分困难，书自然也就念不成了。看到这些，他心里难过极了："我什么时候能念书呢？"细心的八婶发现他眼角的泪痕，问他："大鸾怎么哭啦？是不是想妈妈了？"经不住八婶的再三追问，他只好老老实实地对八婶说："我好想读书啊！"慈祥的八婶鼻子一下子酸涩了起来，一把搂住大鸾，两个人都伤心地哭了。

正在这时，表舅龚荫荪向周恩来伸出温暖的援助之手，使辍学的周恩来重新迈入学堂的大门。

因为龚荫荪与陈三姑是姨表兄妹，论辈分他是周恩来的姨表舅。陈氏生前经常带周恩来到姨外婆家串亲戚，姨外婆、表舅、舅妈都很喜欢周恩来。龚荫荪对周恩来的勤奋好学、博闻强记早有所闻，对周恩来的聪明、灵敏、深沉亦有所见。他对周恩来的困难处境深表同情，他帮助周恩来将陈三姑与周贻淦合葬，又邀集周氏族人一起协商，对周恩来三兄弟的生活做出安排，多次来周家看望周恩来，馈赠些钱粮和日常用品。他觉得不能让周恩来的学业荒废下去，决定让周恩来到自己的家塾来读书。这样，周恩来就和自己的表兄弟成了同学。

龚荫荪是位革新派人物，最初受康有为、梁启超改良主义思想的影响，后来受孙中山的影响较大。他变卖家产，奔走于上海、苏州、南京之间，支持革命。他不信鬼神，不让女儿缠足，主张男女同校。龚家学馆请的是周恩来的开蒙塾师周贤胜，他是龚荫荪的同窗好友，他们在一起以教书为掩护，从事反清活动。龚荫荪常常嘱咐周恩来须多读书，努力做到博闻强记。他嘱咐："凡周先生授的课不可丢弃，这是基础，千里之行，始于足下。但是，现在已经进入二十世纪，再也不能埋在书里不问世事，要接触新思潮，了解吾国，了解世界。"他的话对周恩来的成长起着潜移默化的影响。在龚家学馆，周恩来既受到龚荫荪资产阶级民主思想的影响，也向塾师周先生学到许多文化知识。

周恩来到表舅家寄读以后，蒋妈妈不放心，每天都要来接他。他要求一个人回家，蒋妈妈说什么也不让。特别是在下大雨的时候，还没等他放学，蒋妈妈就迈着小脚来了，打着一把伞站在雨中等候。

龚家也是淮安有名望的书香门第，藏书别具一格，除了经史子集和著名小说等，书架上还堆着一叠叠《时务报》。这是周恩来看到的第一份报纸，好奇心驱使着他，不看则已，一看就再也丢不下。报纸上几乎期期刊有政论文章，弘扬民族意识，主张变法图存，以研究科学、兴办实业、设立医院、妇女不缠足，等等。撰写

文章较多的是康有为、梁启超，康、梁
是何许人，周恩来不知道，但特别喜欢
读他们的文章。更有意思的是，报纸上
还经常刊登从外国翻译过来的小说，如
《茶花女遗事》《迦因小传》《三千里寻亲
记》等。一时间，周恩来的面前仿佛打开
了一扇看世界的明亮窗户，人生、社会、
世界竟这般繁杂多彩，他深感自己知道
得太少，一有空就跑到书房去，如饥似
渴地寻觅可读的书刊。周恩来在龚家寄
读的时间虽不到一年，但收获颇丰。家

| 童年周恩来（1911 年）

事国事，内忧外患，惊醒着少年周恩来。从此，他思考
的不只是自己的生活出路，而是如何振兴国运、革新世
道、改变人心的大问题。

　　直到 1952 年，他还对龚家一位表姐说："表舅是我
政治上的启蒙老师，周先生（龚家家塾老师）是我文化
上的启蒙老师。"

四、为中华之崛起而读书

　　1910 年，对周恩来的人生来说是一个非同寻常的
年份，在这一年里，他所作的选择，改变了他的一生。
周恩来的伯父周贻赓从侄儿的来信中了解了家中发生的
一切，很同情侄儿的处境。春天，伯父托回乡探亲的堂
伯父周济渠，把周恩来带出了淮安，到东北生活、求

学。周恩来和父亲周贻能从江苏淮安来到东北铁岭，周济渠为周贻能在铁岭找了一份差事，安排周恩来在铁岭银冈小学堂读书。

周恩来后来回忆道："十二岁那年，我离家去东北。这是我生活和思想转变的关键。没有这一次的离家，我的一生一定也是无所成就，和留在家里的弟兄辈一样，走向悲剧的下场。"

离开淮安之前，蒋妈妈为周恩来添置了新衣，为他准备临行的衣物，叮嘱他路上要小心，照顾好自己。他还到母亲墓前去拜祭，为母亲扫墓。抗战胜利后，周恩来在重庆对记者说："三十八年了，我没有回家，母亲墓前想来已白杨萧萧，而我却痛悔亲恩未报！""直到今天，我还得感谢母亲的启发。没有她的爱护，我不会走上好学的道路。"

走时，他随身带了嗣母留下的诗文。蒋妈妈含着泪对他说："现在你真的要到天上去飞翔了。"没想到，此后一生中再也没回淮安。当时，蒋妈妈十三岁的女儿病死了，她痛苦万分，再加上周恩来要走，更加难舍难分。后来，她日夜思念，当得知周恩来在天津南开学校读书，竟借了高利贷做盘缠，不辞辛劳地去看望周恩来。两人见面，抱头痛哭。当时周恩来虽然忙于学生运动，但仍留蒋妈妈在天津住了五天。分别时，周恩来还

周恩来四伯父周贻赓 |

周恩来就读奉天东关
模范学校时的教室

请四伯父替蒋妈妈买了船票,送她几十元钱。几十年后,已经担任国务院总理的周恩来,还曾多次向赴北京的家人打听蒋妈妈及其后代的情况。

周恩来在银冈小学堂大约读了半年时间的书,这一年的秋天,周贻赓把周恩来接到奉天,从此,周恩来就

东关模范学校旧址

和四伯父一家一起生活。周恩来进入东关模范学校学习。这所学校位于奉天古城大东门外，是在清末"废科举，兴学校"的潮流中兴办的新式学校，开设了修身、国文、算术、历史、地理、格致、英文、图画、唱歌、体操等十数门课程。

江淮水乡赋予了童年周恩来温和谦恭的品行，东北的大风、冰雹和高粱米锻炼了少年周恩来强壮的体魄和坚韧的性格。周恩来以他远大的志向、勤勉的学习精神，给老师和同学们留下了深刻的印象。一次，校长给大家上课，问同学们："你们为什么读书?"有的学生说："为明理而读书"；有的学生说："为做官而读书"；有的说："为父母而读书"；有的说："为挣钱而读书"。当问到周恩来的时候，他站起来，响亮而坚定地回答："为中华之崛起而读书!"

校长听了为之一振，他怎么也没想到，一个十几岁的孩子，竟然有如此抱负和胸怀。他再次追问道："你再说一遍，为什么而读书?""为中华之崛起而读书!"周恩来铿锵有力的话语，博得校长的喝彩："好哇! 为中华之崛起! 有志者当效周生啊!"

在东关模范学校的两年半，周恩来勤奋刻苦，学到了很多知识，各门功课成绩都不错，特别是作文经常受到老师

少年时期的周恩来

表扬，让全班同学传阅。1912年10月，正值东关模范学校建校二周年。校庆后，学校以"纪念活动"为题布置学生写一篇作文，周恩来作文题为《东关模范学校第二周年纪念日感言》。

他的这篇作文以立意新颖，论述精辟，表达了强烈的爱国思想轰动全校。文章中提出：教与学的目的，都是为国家造就人才，使国家富强起来。学生在学习中应奋勉学习，"深究而悉讨"，"慎思而明辨"，"受完全教育，成伟大人物，克负乎国家将来艰巨之责任"。校长和教师则"当殚其聪明，尽其才力"，"为学生择良教材，教习为学生谋深造就。守师严道尊之旨，除嚣张浮躁之习。注重道德教育，而辅之以实利美感，更振之以军国民之精神"。这篇文章被评为甲等作文，在奉天省教育品展览会上展出，作为范文先后收入《奉天教育品展览会国文成绩》、上海进步书局出版的《学校国文成绩》和上海大东书局出版的《中学

奉天东关模范学校建校二周年时师生合影，局部照片前中为周恩来

东关模范学校校庆二周年全校师生合影（楼上前排左起第九人为周恩来同志）

全校师生合影局部放大，前排中为周恩来同志

生国文成绩精华》等书中。国文老师还在他的作文上批语："教不如此，不足以言教，学不如此，不足以言学，学校不如此，不足以言学校，文章不如此，不足以言文章。"还感慨地说："我教了几十年书，从未见过这样好的学生，为这样的学生，就是呕心沥血也心甘情愿。"

周恩来的家世和内心重负，为中华之崛起而读书的抱负和刻苦学习的自觉自律，深深地打动着历史老师高亦吾。高亦吾在课堂教学之外，对周恩来格外关爱，在高老师的指导和帮助下，周恩来阅读了《革命军》《警世钟》《猛回头》《驳康有为论革命书》《扬州十日记》等书籍，从中了解到许多关于民族危机情况和反清革命的道理。特别是孙中山领导的同盟会提出"驱除鞑虏，恢复中华，建立民国，平均地权"的革命主张，使年幼的周恩来深受鼓舞，更加激发了他的革命热情。高亦吾老师还在生活上接济周恩来，每当雨雪天气就留周恩来住在自己的宿舍，同餐桌，抵足眠。

1913年2月，周恩来结束小学的学习生活，随同四伯父周贻赓迁居天津，报考南开学校。临行前，高亦吾祝周恩来前途无量，展翅高飞。周恩来在为老师同学赠言时就用了"羊羽子"的署名，周恩来喜欢这个名字，常以此署名，这

周恩来给同学郭思宁的临别赠言"同心努力，万里前程指日登"

指日登
万里前程
同心努力
羊羽子书

里也饱含着对高亦吾先生的尊重。

1964 年 8 月，周恩来在与亲属的谈话中回忆求学东北的生活时说：到东北有两个好处，一个好处是把身体锻炼好了。上小学时，无论冬天、夏天都要做室外体育锻炼，把文弱的身体锻炼强健了。再一个好处是学会了交朋友。后来，他还对辽宁大学的学生说过：我身体这样好，感谢你们东北的高粱米饭、大风、黄土，给了我很大的锻炼。

五、考入南开学校，展露才华

1913 年，周恩来从东关模范学校毕业。他将新的求学目标瞄准了北京的清华学堂（1928 年正式改制为国立清华大学），很有名气。由于清华学堂对学生英语要求特别高，加之对招收南方学生的名额有所限制，周恩来未能考取。

1913 年 2 月，周恩来的四伯父到天津长芦盐运司任运销科一等科员，15 岁的周恩来随伯父周贻赓一起来到天津。周贻赓把父辈的爱和希望全部倾注在周恩来身上。

此时的周恩来将求学的新目标定在天津的南开学校。它是由爱国教育家严修、张伯苓创办的。严修认识到旧中国传统教育的科举制是养士教育，而学校制才是国民教育。从养士教育转向国民教育，是教育救国的必由之路。他也深知，教育靠官办普及很难。与

爱国教育家严修、张伯苓

严修先生同期，还有一位年轻的北洋水师军官张伯苓，他服役期间在威海目睹两日之间"国帜三易"，痛感民族耻辱，他认定我国欲在现代世界求生存，全靠新式教育，创造一代新人，于是他立志献身于教育救国事业。"教育救国"的共识使严、张二位先贤走

南开学校东楼

到一起。

对于南开学校，周贻赓、周恩来并不陌生，1913 年的南开学校已经创办九年，在华北乃至全国都有了名气。为了能考个好成绩，他进入大泽英文算学补习学校补习功课，准备升学考试。经过三个月的紧张准备，8 月 16 日，周恩来参加南开学校入学考试，考试科目有英文、国文、算术三门。国文是他的强项，他文思泉涌，一挥而就，字迹美观，卷面整洁。数学考试时，他演算迅速，很少出错。英文考试成绩稍差。最后，他以优异的成绩被南开学校录取。8 月 19 日，周恩来来到南开学校报到，被编在一年己三班（后改为丁二班）。

周恩来初入南开中学时的照片

周恩来同南开学校师生合影

周恩来所在的班在南开学校是一个很突出的集体，班里同学思想活跃，学习气氛浓厚。而一年级的周恩来内向、文静、懂礼貌、热心公益，是一个极为普通的学生。

周恩来刚入学时，英语基础比较差。他努力学习，刻苦攻读，每天早晨、中午和下午业余时间都用来学习英文。他勤学苦练，手不释卷。进入第二年，他的英文成绩大为改观，甚至能读一些英文原著。在《南开毕业同学录》中的《周恩来小传》里这样记载："初至英文非佳，嗣后发奋攻读，始同趋进步。"

周恩来深知到南开学习的机会得来不易，因此非常珍惜，读书极为刻苦用功，各门成绩一直名列班级或者年级前列。因此，他规定自己要做到5个不虚度：读书不虚度，学习不虚度，习师不虚度，交友不虚度，光

周恩来（前排左一）
在东四教室上生理课

阴不虚度。他自从来到南开以后，每天起床钟一响，就立即起床、跑步、做操，保持着在东关模范学校时锻炼身体的良好习惯。

由于周恩来品学兼优，入学第二年，以老师推荐，学校破例免去他的学杂费，成为全校少有的免费生，这种情况在私立学校是极为罕见的。

周恩来利用各种机会锻炼自己的口才，经常一个人对着镜子，一边背演说词，一边做各种手势，下功夫练习演说艺

周恩来在南开学校
（1914 年）

术。当时，天津各中学等学校每年举行一次校际辩论演讲比赛。1914 年和 1915 年，周恩来都被推荐为南开学校的三名代表之一。结果，南开学校连续两次荣获冠军。由于他的名气越来越大，1915 年被选为学校演说副会长。1916 年 10 月 3 日，全校举行演说会，周恩来作题为《中国现实之危机》的演说，痛斥各地军阀武人干政，卖国求荣，致使教育停顿，经济凋敝，人民陷于水深火热之中，指出这都是因为"政治不良"造成的。他向同学们大声疾呼："天下兴亡，匹夫有责。"这篇演说名列优胜，后来在《校风》第 45 期上作为"代论"全文发表。

六、初登新剧舞台

周恩来在南开学校就读期间可谓多才多艺。他积极参加新剧的演出，新剧就是话剧。封建社会的礼教根深蒂固，男女授受不亲，不能同校读书，更不能同台演戏。南开学校是男校，因此剧中的女角色都要由男生扮演，周恩来敢于冲破封建习俗的束缚，经常在剧中扮演女角色。他还在新剧团中担任布景部副部长。他多次参加演出，并在南开学校成立 11 周年的纪念会上演出新剧《一元钱》，在《一元钱》中扮演的女主角孙慧娟最受人称赞，轰动京津等地。尤其是该戏还被当时名噪一时的北京奎德社移植成文明戏上演，产生了一定的社会影响。

周恩来英俊潇洒，颇具表演才华，反串女角更是婀

《一元钱》第七幕，右一为周恩来

娜动人，受到普遍好评，为社会树立了正气。伯父周贻赓在看完周恩来的演出后，也深深地被剧情所打动，赞叹周恩来的才华。

该剧的剧情为：一个叫孙思富的人起先很穷，他有一个朋友，很能帮助他，他就把自己的女儿许配给他朋友的儿子。到后来，他时常做点买卖，就慢慢地富起来了。而那边他朋友死后，因家庭起种种变故，竟变得一贫如洗。他朋友的儿子赵安就跑到他家求他帮助，他竟置之不理，蓄意悔婚。面对前来寻求帮助的赵安，孙思富竟拿区区一元钱来打发他。孙慧娟知道后，对父亲的行为深感不满，她与母亲商量后，致信未婚夫赵安，表示自己一定会信守婚约，赠银百元相助。赵安受这次的刺激就发愤自强，力图上进，把产业都恢复过来。而孙思富因和人打官司，有要求赵家帮助的地方，赵安慨然相助。孙思富深悔自己以前的过失，从此痛改前非，盛赞女儿之功，翁婿也和好相睦。

从此剧可知，周恩来扮演的孙慧娟戏份很重。周恩来以生动传神的表演，塑造了孙慧娟正义豪侠、知情达理、机智聪明、执着于纯洁爱情的鲜明形象。在校期间，产生了一定的社会影响。周恩来认为，戏剧是唤醒和教育人民的最通俗的方式。周恩来不仅享誉南开，而且也闻名津门。在校期间，周恩来先后参加《恩怨缘》《老千全德》《华娥传》《仇大娘》《一念差》等十多部新剧的编导和演出。

周恩来在南开的四年，可以说是全面成长的四年，也是才华初露的四年。他成为了一个非常优秀的学生，而且他有着广泛的兴趣，表现出多方面的才能。

周恩来的品学兼优，才华出众，使校长张伯苓颇感欣慰、赞赏有加，称他是"南开最好的学生"。张伯苓曾邀请周恩来在学习之余到家里来畅谈家事、国事、天下事。有时，张伯苓还热情挽留周恩来一起吃饭，让夫人亲自下厨给他做有天津特色的家常菜——贴饽饽熬小鱼儿招待他。

周恩来正直重义的人品、过人的才识，一直为校董严修所注目。在毕业后，他托人提亲，想招周恩来为婿。周恩来心情很矛盾，一天，他与曾同室两年的同学张鸿诰散步，两人反复权衡，周恩来认为自己是个穷学生，假如和严家结亲，前途一定会受严家支配。最后，他还是把这婚事推辞了。周恩来不愿意贪图现成的财富和安逸，要靠自己的努力选择未来，这也是一个有志青年所持的人生态度。经过此事，严修对周恩来更加看重了。

1917年6月26日，周恩来以优异的成绩结束了中学时代。在毕业典礼上，张伯苓安排周恩来代表毕业同学讲话，徐世昌亲自为他颁发毕业证书。周恩来还获得了"国文最佳奖"的金质奖章一枚。在南开中学的毕业证书存根上，记载着他的毕业成绩总平均为89.72分，属于最优者行列。

1917年，周恩来在南开学校

七、东渡日本

　　1917 年 6 月，周恩来结束了四年的学习生活，从天津南开学校毕业。同学们都在筹划着自己的未来，有不少同学准备去欧洲留学。从南开学校毕业后，周恩来对于前途一时比较迷茫。当时的中国正处于军阀混战的黑暗年代，加之帝国主义列强的凌辱，使得一腔热血的周恩来并不能静下心来工作。而当时，去日本留学仍然很流行。因为日本是亚洲地区唯一深受中国传统影响而已完全实现了西方式的工业化和现代化的国家，中国的年轻人把日本看成是变革的典范，在那里可以学到现代自然科学和社会科学方面的知识。经过一番慎重的思考，周恩来决定去日本留学。他选择日本留学，主要是想了解日本的情况，学习知识，拯救贫穷落后的祖国。此外，由于家境贫寒，选择留学日本有可能享受政府公费待遇。

　　7 月下旬，周恩来与同学李福景等去北京筹划赴日留学事宜。此时，他的好友于树德给了他很大的帮助。于树德是天津静海人。五四运动前几年，天津的学生运动就开始活跃。当时周恩来在南开学校，于树德在天津政法学堂，在共同参与学生运动中，关系逐渐密切。于树德也打算赴日留学，他的家境稍好，多方筹措了留学费用。在他临行前，突然得到了政法学堂给他的一个公费留学名额。他立刻想到周恩来，表示愿意将自己筹集的费用资助周恩来。周恩来犹豫再三，基于赴日本留学、追求真理的强烈愿望，最终还是高兴地答应了。1949 年，于树德应邀到北京，在北京饭店见到了周恩来，周恩来满面笑容地问："永滋（于树德，字永滋），我还欠你 300 块大洋的债务呢。要算上利息，这笔债我个人现在也还不起啊。怎么办？分期偿还，还是免去利息？"

1917 年 9 月，周恩来由天津登上东渡日本的轮船。临行前，他北上奉天探望已由天津调回奉天任职的四伯父周贻赓，回奉天母校同小学老师、同学相见话别，为同学郭思宁写了"志在四方"和"愿相会于中华腾飞世界时"的临别赠言。他怀着激动的心情，写下抒发救国救民志向的七言诗：

> 大江歌罢掉头东，邃密群科济世穷。
>
> 面壁十年图破壁，难酬蹈海亦英雄。

到达东京后，周恩来进入东京神田区东亚高等预备学校补习日文，准备来年报考东京高等师范学校和东京第一高等学校。这两所学校都是名牌大学。他只要考取其中任何一所，便可得到当时民国政府的官费补助。

东亚高等预备学校是一所语言预备学校，成立于1914 年，是无数寄托救国、强国之梦的中国学子求学的起点。当时的日本是亚洲吸收欧美思想的前沿，大量近代名著、思想流派书籍被翻译成日文，这对于同样使用汉字的中国学生而言无疑是一条接受新鲜事物的捷径。周恩来入学东亚高等预备学校时，校长为当时主张

周恩来（后排右一）
在日本与南开学校的同学
合影

"中日必须成为友人同志"的松本龟次郎。当年半数的
中国留学生都毕业于这所学校。全校共有 350 名学生，
都是中国人。

　　周恩来的日文基础较差，多变的语法和复杂的语
句，虽经努力，却进步缓慢。考试一天天临近，恰在此
时，他接到堂弟的来信，告诉他八叔父周贻奎去世，这
一噩耗让他"心中不知是痛是悲，好像是没了知觉一
样"，他"连着这三天，夜里总没有睡着，越想越难受"，
只恨自己"身在海外"，"是进不得，也退不得"。

　　接踵而至的不如意和不幸，使周恩来一度情绪低
落。可是，对于周恩来这样一个有着崇高抱负的爱国青
年来说，当时他的思想虽处在波动之中，但他始终割舍
不去的是国家与社会的前途。想到这些，他依然是一腔
热血，豪情如虹。

　　经过一番痛苦的思索与挣扎，他终于从迷惘中走了

出来。周恩来在日记中写道，来日本求学，"第一件事情就是炼得铁石心肠，刚硬志气，不为利起，不为势屈"。周恩来认为，大凡天下真有本事的人总是心里有一定主见，轻易不肯改变。成败固不足论事，然当他活着的时候，总要向他所办的事成功，不能因为有挫折便灰心，也不能因为有小小的成功便满足。人总要有个志向，平常的人不过是吃饱了，穿暖了，便以为了事。有大志向的人，便想去救国。

1918 年 2 月 11 日，是农历戊午年春节。周恩来在这天的日记中写道："我平生最烦恶的是平常人立了志向不去行。""立身行事要做到三件事：第一，想要想比现在还新的思想；第二，做要做现在最新的事情；第三，学要学离现在最近的学问。思想要自由，做事要实在，学问要真切。"认为人们"应该随着世界进化的轨道去做那最近于大同理想的事情"，"做二十世纪之新国民"。周恩来在给南开同学冯文潜的信中表示，自己对"新思潮尤所切望"。

八、回国图他兴

周恩来到日本留学，原本是想通过亲身考察和学习，仿效日本社会的发展道路来寻找拯救中国的方案。然而，日本国内阶级压迫的严酷现实使他对日本社会越来越感到失望，加之十月革命开辟的社会主义道路和马克思主义学说对他的影响，使他继续留日的打算渐渐有了改变。1919 年 3 月，周恩来得知南开学校要创办大学部的消息，毅然下决心放弃留日深造，准备回国学习。

3 月间，周恩来离开东京。南开学校毕业生在日本留学的相当多，其中不少是周恩来的好友。一些先期到达的同学还在东京组成南开同学会，旅日期间周恩来常得到他们的帮助照顾。临行前，他的好友、南开学校同学张鸿诰等人为其饯行。张鸿诰与周恩来在日本期间保持着密切交往，这时，他已考入东京第一高等学校，好友即将分别，他请周恩来题诗留念。周恩来欣然提笔，将他东渡时所写"大江歌罢掉头东"一诗抄赠，在诗后附言："返国图他兴。整装待发，行别诸友。轮扉兄以旧游邀来共酌，并伴以子鱼、慕天，醉罢书此，留为再别纪念。"

五四时期的周恩来（1919 年）

1919 年 4 月，周恩来回国途中在京都停留了一段时间，看望了在那里读书的南开学校同学。此间，他还游览了京都著名的岚山和圆山公园，写下《雨中岚山——日本京都》(4 月 5 日)、《雨后岚山》(4 月 5 日)、《游日本京都圆山公园》(4 月 5 日)、《四次游圆山公园》(4 月 9 日) 四首诗。其中，《雨中岚山》全诗如下：

雨中二次游岚山，两岸苍松，夹着几株樱。

到尽处突见一山高，流出泉水绿如许，绕石照人。

潇潇雨，雾蒙浓；一线阳光穿云出，愈见姣妍。

人间的万象真理，愈求愈模糊；

　模糊中偶然见着一点光明，真愈觉姣妍。

　借景抒情，以诗言志。周恩来这首诗中所蕴含的复杂的思想感情，只有了解他一年半旅日生活，尤其是他探索拯救中华道路的痛苦、彷徨和重新燃起希望的心路历程，才能够真正理解。置身于如画的秀丽景色之中，周恩来思索自己经历的许多艰难和曲折，回忆着一件件难忘的往事，觉得朦胧的雨雾正像纷乱的世界，让人感到渺茫，感到失落，而那穿云透雾的阳光，正像马克思主义的真理，给人带来光明与希望。尽管他当时还不能深刻地理解和认识这个真理，但对真理的发现已使他精神振奋，感到格外欣喜——"真愈觉姣妍"。

　1919年4月中旬，周恩来由神户乘船离开日本，在大连上岸。到沈阳看望了伯父周贻赓，又到哈尔滨东

日本京都圆山公园建立的周恩来诗碑

华学校做客，婉辞了昔日的南开同窗好友、东华学校校长邓洁民留他当教员的邀请，5 月中旬回到天津。

九、赴欧求索

　　第一次世界大战后，在法国的爱国教育家吴玉章、蔡元培等人创办了"留法勤工俭学会"，号召中国青年学生到法国半工半读。五四运动爆发以后，爱国青年学生受到世界新思潮的影响，在斗争中愈来愈认清了北洋军阀政府的腐败，为祖国的前途担忧，渴望寻求救世济民的真理，许多青年前往法国勤工俭学。

　　1920 年 10 月，严修捐款 7000 银圆设立"范孙奖

周恩来乘坐邮轮"波尔多斯"号赴法勤工俭学

S. S. "PORTHOS"
Paquebot Poste Rapide Français à double hélices
(Dans le Canal de Suez)

学金", 举荐周恩来和李福景赴法国留学, 资助 500 元, 供周恩来做赴欧的费用。

周恩来 (左) 与李福景、常策欧

　　10 月 8 日, 周恩来和南开同学李福景同获北京华法教育会开具的赴法证明。行前, 周恩来与天津《益世报》商定, 作为该报社旅欧记者, 以撰写旅欧通讯所得稿费维持旅欧期间的生活。10 月 12 日, 周恩来来到《新民意报》社辞行。10 月 18 日, 周恩来离津去沪候船赴法。离津之际, 他亲手整理在南开中学期间写的 52 篇课业作文, 装订成册, 连同在日本留学期间的日记装于一箱, 在木箱表面亲笔写上"南开校中作文一九二〇, 十, 十八", 托付留津的南开学校同学代存。

　　11 月 7 日, 作为华法教育会组织的第十五届赴法勤工俭学生, 周恩来等人由上海乘法国邮轮"波尔多斯"号赴法。这是一艘两万吨级的十层巨型邮船。周恩来和郭隆真、李福景、张若茗等 197 人住在最底层的统舱里。12 月中旬，长达 36 天的航程，经西贡、新加坡，穿过马六甲海峡，横渡印度洋，再经红海和苏伊士运河，进入地中海，"波尔多斯"号到达法国南部的马赛港。

为了给周恩来创造更好的留学条件，严修还特意给驻英国公馆顾维钧写信，介绍周恩来的情况，推荐他去英国留学。严修为资助周恩来，特在严家账目上为其立了户头。除第一年留学费用是交给周恩来支票，让他亲自带走外，以后的学费，都是严修让人转寄的，每半年一次，准时不误。

到了法国之后，在先期到达这里的留学生的帮助下，周恩来等人换乘火车到了巴黎。周恩来在这里小住半月，主要还是身有小恙，病愈后启程去了英国，想去看看当时资本主义最发达的国家，了解那里的实际情况。但是，因为英国生活费用太高，在那里的中国留学生人数只有法国的十分之一左右。不久，周恩来又回到了法国。

初到欧洲，一切对他来说都是新鲜的。可是，周恩来看到更多的不是资本主义的发达和繁荣，而是

| 周恩来在巴黎住所门前

一战后的社会动荡和不安。这使得他原本一切向西方学习的思想受到了严重的冲击，周恩来开始重新思索救国救民的道路。

1921年2月上旬，周恩来回到了法国巴黎，在阿利昂法语学校补习法文。不久，他同天津的四名勤工俭学生一起，转到法国中部的布卢瓦城继续学习法文。除了日常学习和为国内刊物撰稿外，周恩来花了大量精力去读书，除了马克思主义的经典书籍，他还广泛涉猎了当时社会上流行的各种社会思潮。经过认真的比较分析，周恩来最终确立了马克思主义信仰，并一生为其奋斗。

这时，国内的共产党已经开始筹建，北京最早的党员是李大钊和张申府，张申府在来法国之前接受了李大钊的委托，在海外继续发展党组织和党员。张申府到了法国后，介绍刘清扬入党。1921年，经张申府和刘清扬介绍，周恩来加入巴黎共产主义小组。巴黎共产主义小组是后来中国共产党的八个建党发起组之一，周恩来

1921年春，周恩来加入中国共产党。这是他和张申府（右一）、刘清扬（右二）、赵光宸（左一）在德国柏林万赛湖合影

可以说是党的创始人之一。自此之后，周恩来将他全部
精力和才能都献给了共产主义事业，直至生命的最后一
分钟。

　　由于信仰马克思主义的知识分子越来越多，巴黎共
产主义小组成立后，周恩来等开始筹建具有青年团性质
的共产主义组织。周恩来负责德国组织，赵世炎、李维
汉等负责法国组织，刘伯坚等负责在比利时分别筹建基
层组织。1922 年 3 月，周恩来坐火车来到柏林，住在
柏林郊区瓦尔姆村皇家林荫路 54 号。当时，德国物价
相对便宜，生活成本比较低，他开始集中精力筹建共产
主义青年组织，共同开展活动。

中国共产主义青年团
成员在巴黎，前排左四为
周恩来

　　1922 年 6 月，来自德国的周恩来，来自比利时的

刘伯坚，还有在法国的赵世炎、李维汉、王若飞等在巴黎西郊的布伦森林成立了旅欧共产主义青年组织。会议由赵世炎主持，他报告了会议的筹备经过和重要意义，周恩来报告了自己起草的组织章程草案。会议将组织定名为旅欧中国少年共产党。经过三天的讨论，会议选出了中央执行委员会，赵世炎任书记，代号乐生；李维汉任组织委员，代号罗迈；周恩来任宣传委员，代号伍豪。决定出版机关刊物《少年》，将办公地点定在赵世炎在巴黎居住的小旅馆里。

会议结束后，周恩来回到柏林。自《少年》创刊后，周恩来发表了一系列宣传马克思主义的文章，同时也批判一些非马克思主义的思潮，笔锋犀利、理论透彻，在勤工俭学的学生中反响很好。与此同时，周恩来还注重发展新党员，朱德和孙炳文就是在这个时候由周恩来介绍入党的。朱德在护国战争中担任过蔡锷将军的旅长，后又任过昆明陆军宪兵司令和警察厅长。看到了军阀混战的黑暗，经过了五四运动的洗礼，朱德决心寻找新的救国之路。他和孙炳文在上海向陈独秀申请加入共产党，却被拒绝。于是远渡重洋，来到法国又转到德国，终于见到了周恩来。他们在一起交谈了六天六夜，周恩来对朱德有了全面了解，同意了他和孙炳文的入党申请。此后，周恩来和朱德开始了长达半个世纪的革命友谊。孙炳文也成为周恩来的亲密战友，在他被国民党反动派杀害后，周恩来收养了他的女儿孙维世，一直视如己出。

十、《赤光》

1924年2月1日，旅欧中国共产主义青年团机关刊物《少年》改为《赤光》。这一改变是为适应国内革命形势的迅猛发展和旅欧共青团工作遇到的新情况而作出的。《赤光》与《少年》的不同点在于，它将办刊的重点从对马克思主义学习理论的介绍和研究转向对中国革命基本规律和具体方针的讨论，即"改理论的《少年》为实际的《赤光》"。

《赤光》是半月刊，16开本，每期十来页。它出版灵活而迅速，印数比《少年》多，发行范围也更为广泛。如果说《少年》是一个较为偏重理论的刊物的话，那么《赤光》就更具战斗性。

《赤光》的封面，是一个正欲跃起的少年，他赤身裸体，无牵无挂；他手持号角，高擎旗帜；他背靠光芒四射的赤光，脚踩无边无际的山川。这个封面极好地表现出了旅法中共党员和青年团员们的风貌和气质，预示着这群在法兰西的土地上加入共产主义战士行列的青年，正处在挥斥方遒、指点江山的意气风发时刻。

当时，邓小平负责《赤光》杂志的编辑、刻蜡板和油印工作。邓小平是1920年10月到法国的。在法国警察局的档案中，只有邓希贤的名字，邓小平这个名字只是在他旅法末期才开始出现。1922年加入青年团，1924年成为旅欧中国共产主义青年团的支部成员。《赤光》杂志创刊后，邓小平协助编辑、撰写文章。他还经常油印传单等印刷品，因为工作认真、熟练，被亲切地称为"油印博士"。从这时开始，邓小平在周恩来领导下工作，二人建立起深厚友谊。

五十多年后，邓小平对外国记者说："周总理是一生勤勤恳恳、任劳任怨工作的人。他一天的工作时间总超过12小时，有时在16小时以上，一生如此。我们认识很早，在法国勤工俭学时就住在一起。对我来说他始终是一个兄长。我们差不多同时期走上了革命的道路。"

邓小平经常是白天做工，下工后即赶到《赤光》编辑部。在那狭小的房间里，周恩来将写好或修改好的稿件交给他，邓小平把它一笔一画地刻在蜡纸上，然后用一台简陋的印刷机印好，再装订起来。为了能保证每半月出一期，每期十二页左右的内容，周恩来、邓小平一同忘我地工作着。经常是深夜工作完成后，邓小平就在这小房间里打上地铺和周恩来住在一起。这段时间，邓小平和长他六岁的周恩来十分接近，邓小平很敬重这位兄长式的同志和领导，从他身上学到了很多东西。周恩来也十分喜欢邓小平，给予他很多的关心和爱护。在周恩来的直接领导和帮助下，邓小平认真的工作态度和出色的工作成绩给其他的同志们留下了深刻的印象。几十年后，他们的战友还清楚地记得："当时，邓小平同志负责《赤光》的编辑出版工作，几乎我每次到书记局去，都亲眼看见他正在搞刻蜡版、油印、装订工作，他的字既工整又美观，刊物印刷清晰。"

周恩来作为主编和主要撰稿人，在《赤光》上发表的文章多达三十余篇。其中，较重要的有《军阀统治下的中国》《列强共管中国的步骤》《革命救国论》《国际帝国主义乘火打劫的机会又到了》《救国运动与爱国主义》《北洋军阀与外交关系》《华府会议的又一次教训》《这才是一个确实的"进兵"中国》《再论中国共产主义者加入国民党问题》等。从这些文章中可以反映出，周恩来对中国社会各阶级的关系，中国革命的当前任务和远景等基本问题，都已经有了比较清楚和符合实际的认识。

1924 年 7 月 31 日，周恩来告别了生活将近四年的欧洲大陆，踏上了归途。这时，等待着他的是波澜壮阔的中国大革命的洪流。

周恩来青少年时代大事记

1 岁

1898 年 3 月 5 日（清光绪二十四年二月十三日），周恩来诞生在江苏省淮安县城周家大院里，父亲，周贻能；母亲，万冬儿。父亲为长子取名"大鸾"。为了给病重的十一叔周贻淦"冲喜"，周恩来不满一周岁时过继给他为子，嗣母，陈三姑。

4 岁

1902 年，周恩来在嗣母陈三姑的教育下开始认字和背诵唐诗。

5 岁

1903 年，自幼就酷爱读书，嗣母陈三姑把他送到家塾里去读书。

6 岁

1904 年，周恩来随父亲、生母、嗣母和弟弟一起，搬到清河县清江浦镇(今江苏省淮阴市) 外祖父家居住。

8 岁

1906 年，在私塾念书，8 岁到 10 岁开始读小说。读的第一部小说是《西游记》。

9 岁

1907 年，周恩来的生母万冬儿病重，离开了人世。

10 岁

1908 年，嗣母陈三姑被肺结核夺去了生命。湖北做事的父亲无钱寄，周恩来过早地承担起家庭重担，不得不去富户叩门借债、典当度日。他四处奔波求学，靠别人的资助完成学业。

11 岁

1909 年，开始当家照管家里柴米油盐，外出应酬。

12 岁

1910 年，周恩来在三伯父周济渠的安排下，离开故乡来到东北，先进入银岗书院读书。半年后，又进入了新建的奉天东关模范学校读书，立下"为中华之崛起而读书"这一誓言。从 1910 年春到 1913 年 2 月，周恩来在东北生活学习了三年。

15 岁

1913 年春天，周恩来以优异的成绩完成了小学各门课程，来到天津，入南开学校读书。学习成绩十分优秀，国文和数学的成绩尤为突出。

16 岁

1914 年，入学第二年，由老师推荐，学校破例免去他的学杂费，成为南开学校第一位免费生。

17 岁

1915 年 9 月，组织了一个学生团体，起名为"敬业乐群会"。周恩来当选为副会长，同年 12 月当选为会长。

18 岁

1916 年 1 月 4 日，周恩来担任《校风》文苑部部长。

19 岁

1917 年 6 月，周恩来以优异的成绩从南开学校毕业，抱着探求真理、拯救国家、解除人民苦难的目的，漂洋过海，留学日本。10 月，周恩来进入东京神田区东亚高等预备学校补习日文，准备报考东京高等师范学校和东京第一高等学校。开始接触马克思主义，思想发生重要转折。

20 岁

1918 年 5 月 19 日，周恩来参加了留日学生的爱国团体——新中学会。

21 岁

1919 年 3 月，得知母校南开学校要创办大学部的消息，毅然下决心放弃留日深造，回国学习，共在日本旅居 18 个月。

4 月，周恩来回国途中在京都停留，看望了在那里读书的同学。之后，投入到轰轰烈烈的五四运动，在五四运动中成为天津学生界的领导人。

7 月 21 日，《天津学生联合会报》创刊。创刊号上发表了周恩来写的以《革心！革新！》为题的发刊词。

8 月底，为营救参加反帝爱国运动而遭北洋军阀政府逮捕的学生代表，周恩来等率领天津学生五六百人赶到北京，与各界代表联合开展请愿斗争。

9 月 25 日，南开学校大学部开学，周恩来进入大学部文科学习。

22 岁

1920 年 1 月，在觉悟社领导青年学生开展反对中日直接交涉和抑制日货的斗争中，周恩来、郭隆真等人遭军阀政府拘捕，关押至 7 月。后经营救出狱。初遇邓颖超。基金会出资协助周恩来等出国留学，11 月赴法勤工俭学。

23 岁

1921 年春，周恩来经张申府、刘清扬介绍，加入中国共产党，坚定了共产主义的信仰。

24 岁

1922 年，周恩来和赵世炎等组织旅欧中国少年共产党（翌年改名为中国社会主义青年团旅欧支部）。任中国社会主义青年团旅欧支部书记，为中共旅欧支部领导人。

26 岁

1924 年 7 月 31 日，周恩来告别了生活将近四年的欧洲大陆，踏上了归途。

参考文献

　　天津南开中学编著：《周恩来南开中学岁月》，中央文献出版社。

　　康之国编著：《周恩来的青少年时代》，辽宁人民出版社。

　　唐蕊著：《周恩来的故事》，湖南少年儿童出版社。

永不消失的驼铃

任弼时（1904—1950），是伟大的马克思主义者，杰出的无产阶级革命家、政治家、组织家，中国共产党和中国人民解放军的卓越领导人，以毛泽东同志为核心的党的第一代中央领导集体的重要成员。他16岁参加革命，46岁英年早逝。他30年的革命生涯，同中国共产党的建立、发展、壮大，同中国新民主主义革命胜利的全部历史紧密地联系在一起。

他出身书香门第，在少年时代就勤于读书、善于思考，尤其关心国家的命运和民族的前途。他曾想走"工业救国"的道路，后来又接受了"要强国必须从改变社会制度着手"的观点。受五四运动的影响，他满怀激情地投身爱国民主运动。1920年，他参加中国社会主义青年团，不久赴莫斯科东方大学学习。1922年，他转为中国共产党党员，从此，成为一名坚定的共产主义战士。

叶剑英非常中肯地评价说："他是我们党的骆驼，中国人民的骆驼，担负着沉重的担子，走着漫长的艰苦的道路，没有休息，没有享受，没有个人的任何计较。

他是杰出的共产主义者，是我们党最好的党员，是我们的模范。"

一、书香世家

1904 年 4 月 30 日（清光绪三十年农历三月十五日）傍晚，任弼时出生于湖南省湘阴县塾塘乡（今属汨罗市）唐家桥（今弼时镇）的任氏新屋。任弼时已是"新屋"的第六代子孙了。

任氏家族是当地的名门望族，有着渊源深厚的家世。任弼时故居中唐门顶上最早悬挂的"望重龙门"和"光照壁水"的鎏金匾额，昭示着这书香门第昔日的辉煌与荣耀。

任弼时有三兄弟：哥哥培直，弟弟培达，均早夭；

任弼时同志故居

他排行第二，故号二南。任弼时出生后，按照茅塘任氏族谱排序，属"培"字辈，所以他父亲给他取名培国，寓意爱国、卫国、强国之意。后来，任培国参加了革命，自己改名弼时，同样含有辅佐时政的意思。

任弼时的家乡是屈原晚年生活、写作和以身殉国的地方，那里有玉笥山上的屈子祠、汨罗江畔的独醒亭和招屈亭、汨罗山上的屈原墓等。从小听着屈原故事长大的任弼时，更是耳濡目染，深受影响。

世祖任鼎筵，文武兼资，曾随左宗棠远征新疆，在讨伐中亚浩罕阿古柏匪帮时立下战功，后任左文书。中

任弼时故居内部结构

法战争爆发后，随军征战广西镇南关和越南谅山，荣立战功，获得"光照壁水"的御匾。远祖任应庚，光绪年间，曾补任广西太平府知府，诰赠中宪大夫。祖父任芝坞，例授登仕郎。

任弼时世祖，虽然为官者不少，但大都是一些散官，手中没有多大实权。鉴于侯门似海，仕途如山，祖先们一再告诫后辈，要把重点放在读书明理、启发民智上，不要对仕途抱有奢望。自此，任氏后人谨遵祖训，奋发读书，蔚然成风。

父亲任裕道毕业于湘阴师范学堂，曾获得六品军功。

堂伯父任绍霖（无产阶级革命家任作民之父），毕业于湖南第一师范学校，后东渡日本，加入孙中山领导的同盟会，参加了辛亥革命和反对袁世凯的运动。1912年（民国初年），任山东省民军司令部秘书长，领导了烟台起义。

堂叔任凯南，毕业于英国伦敦大学经济系，后任湖南大学校长、武汉大学经济系教授，与经济学家马寅初齐名，称为"南任北马"。堂叔任理卿，毕业于南通纺织学校，后赴美国留学，获硕士学位，是新中国第一代纺织专家。《毛塘任氏四修支谱》记载：明清两朝，任氏四至二十二代，共有12人在朝做过散官，受封18人次。其中，征（登）仕郎3人次；大夫（资政、朝议、奉政、中宪）9人次；同知、知府、知事4人次；六品、八品军功从九者6人次。与此同时，因"夫贵妻荣"而

任弼时家的生产工具

沐浴皇恩者 9 人次，诰封、恭人、宜人、安人 6 人次。

据不完全统计，任氏"裕"字辈一代人，男子60%以上在县城、省城读过书，女子在省城受中等教育的近 30%。有的不但走出了家门、县门、省门，而且走出了国门，成为享誉中华的教育家、学者、工程师。族中读书氛围蔚然成风。

二、随父课读

任弼时的父亲任裕道，又名思度、扬烈，号振声，是个读过古书又受过新学教育的乡村私塾先生。他先在旧居北侧的偏房内开设启蒙学堂"时中馆"，教授国文、算术、音乐、美术、体操等新课程，后又被族人聘到"作民学校""序贤学校"教书。

任弼时出生在书香之家，读书识字的学习机会自然比一般人家要好、要早。任裕道三个男孩剩下一个，故对二南更加钟爱，寄予了莫大的期望。任裕道深谙育人之道，既细心呵护儿子的饮食起居，又不让儿子过分贪玩，荒废学业。因此从三岁起，便悉心教他认字写字画画，抄书和背诵古诗文，如诸葛亮的《前出师表》，韩愈的《送董绍南序》《原道》，乐府中的《木兰辞》等诗篇。任弼时年纪虽小但坐得住、静得下心，总是按照父亲的指导，一篇篇地抄写，一遍遍地背诵，直到写好背熟为止。这些启蒙教育，如润物细无声的春雨，使任弼时受益终身。小时候他为父亲画的肖像，至今仍挂在故居内展出。

任弼时为父亲任裕道画的肖像

任弼时五岁那一年，父亲任裕道应聘到湖南省公立作民两等小学堂教国文。该校距"新屋"十余公里，每日往返不便，任裕道只得寄宿校中。考虑到长时间离家，唯恐任弼时会因缺乏指点与督促而荒废学业，索性也将儿子带去同住。

白天，父亲进课堂，任弼时也跟着进教室，父亲在上面讲什么，任弼时就在下面学什么；课后，一张办公桌，父亲批改学生作业，任弼时就围前围后地描红习字。入夜，一张大木床，父子同眠。

三、时中馆

任弼时的父亲任裕道在家中"新屋"里，开设启蒙学堂，名曰"时中馆"。

时中馆

　　1903 年，长沙明德学堂设速成师范班，湘阴县师范学校也开办速成班，专门训练乡间的私塾教师。任裕道和小叔任岱云结业回乡后，把"时中馆"改为"求志学堂"，讲授国文、算术、音乐、美术、体操等新课程。首招族中子弟及亲戚的子女入学。之后，办起了作民学校，吸收附近农民入学。

求志学堂创办以后，唐家桥一带接连办起作民小学、进德小学、仰山庙小学和同德小学。因为经费困难，求志学堂办了两年后就难以为继，校长任岱云只好把学校交给任氏家族接办。求志学堂并入毛塘任氏族祠学校，改名为"序贤小学"，任岱云任校长。

四、作民小学

任弼时 7 岁的时候，正式入作民小学读书。

作民小学全称为湖南省公立作民两等小学堂，距唐家桥新屋十余公里。1911 年，任弼时的父亲任裕道应聘作民小学教国文。任弼时就随父亲一起住在学校里读书。虽然前两年当"编外生"时，已经认识了几百个字，但他一点也不骄傲，在课堂上总是用心听老师讲课，不

任弼时少年用过的竹
篾书包

管学什么，都认认真真的。

作民小学授给他的修业证书上写道："学生任培国本学年总平均分数八十四分一厘七毫，列入最优等。"

任家六口，全靠父亲教书勉强维持生活，日子一天不如一天。家里生活很困难，任弼时是清楚的。为了给家里节省开支，他跑到一位开纸铺的亲戚家里，把扔在地上的废纸一张张地捡起来，拿回家，订成许多本子。有了作业本，学费就不用那么多了。然后，他又把剩余的本子拿到街上去卖。换回来的钱，加上家里积攒的一些，凑齐了学费。

就这样，新学期一开始，他又拿着书包，高高兴兴地上学去了。

五、序贤学校

原名"序贤学堂"，以任氏宗祠一间房屋做教室，一位先生，40多名学生。1912年，在任绍霖的号召下，开始扩建校舍，扩大招生，增聘教师。为筹措办校资金，族内将原先用于"一年一小祭，三年一大祭"的费用改为办学基金，加之族中殷实人家个人捐资，序贤虽为族校，但保证了相当的教学经费开支。序贤学堂从此改名为序贤学校，教材及教学内容全部改为新学。

1914年，任弼时的父亲任裕道被族人再聘到族校任教，任弼时又随其父来到序贤学校，插入小学三年级，仍寄宿在校，刻苦读书。

序贤学校

据初步统计，1914—1915 年，任弼时在序贤学校的作文就有 22 篇，其中书信体作文两篇，其余均为论说文。《民生在勤》《自立》《拟御侮之策》《爱国说》《国货宜维持》《家风尚勤俭》《戒纷争》等作文，虽然充满着稚气，但却见解独特，充满智慧。

尤其是团结问题，任弼时的认识就比一般同龄人站得高、看得远。中国人为什么一盘散沙？中国为什么贫穷软弱，他觉得其中最重要的原因就是缺乏团结。因此，团结不完全是人与人之间的感情融洽问题，而是关系到富民强国的大问题。任弼时 11 岁那年写的作文《合群说》，全篇仅 126 字，但却逻辑严谨，论述有力，而从立论到结论，一气呵成，确实是一篇难得的佳作。

任弼时学生时代自己
刻的图章、制作的笔筒

六、湖南省立第一师范学校

1916 年 7 月 6 日，在湖南省立第一师范学校附属
小学高等科一年级求学的任弼时，回家度暑假。为躲避
从长沙北逃路经唐家桥的湖南督军汤芗铭（袁世凯党羽）
军队的掳掠，他与家人逃入山中避难，家中则被汤军洗
劫一空。8 月 30 日，他在作文《暑假纪事》中追述道："吾
家之前亦过北兵。全家之人因逃避山中幸免危险。然而
屋中之衣服器具均被其劫去。呜呼！数十年来吾家之不
幸莫此为甚也！"目睹劫后满目狼藉的家，任弼时很受
刺激，对军阀战乱给人民生活带来的痛苦，心中充满愤
恨与无奈。

在一师期间，任弼时还有人生最大的收获，那就是
与兴趣相同、志向相同的毛泽东、蔡和森、张昆弟、萧
三等人结为朋友，后来竟成为同舟共济的革命战友。毛

泽东比任弼时年长 11 岁，1913 年到一师读书，与任弼时是同校学友。萧三比任弼时大 8 岁，1917 年下半年在一师毕业，是一师聘请的附小教师，也恰好是任弼时的老师，专门教授英语、音乐两科。萧三富有诗人气质，教学方法灵活，给任弼时印象很好。任弼时性格活泼，勤奋好学，也深得萧三器重。师生感情融洽，常以兄弟相称。萧三送给任弼时一只墨盒，上刻"赠二南贤弟"，鼓励他好好学习。

在第一师范的校园后面，有一座小山，叫妙高峰，山上生长着嫩竹芳草和茂密的树林。同学们在课余时间，都喜欢到山上去休息散步。

一个星期天上午，任弼时和几个同学到山上游玩。他们顺着台阶登上半山腰，山顶上那座君子亭出现在眼前。一个同学忽然放大嗓门说："你们看，毛润之又在君子亭演讲呢！"

大家一齐望去，看见君子亭内外果然有不少学生围坐着，一个说话的声音从亭子里传出来。

任弼时忙问："毛润之是谁？"

那个同学告诉他：毛润之又叫毛泽东，是师范里一个品学兼优的学生。他经常和一些同学在君子亭里谈论国家大事。

任弼时一听，高兴地走到君子亭边，踮起脚向里边望着，只见一个身穿长衫的高个子学生，手拿一张报纸，正在侃侃而谈。

那个同学用手指向毛泽东，悄声对任弼时说："他就是毛润之。"

任弼时屏住气，仔细听起来。只听毛泽东用浓重的湘潭口音对周围的同学说："怎样才能改造好国家呢？我认为我们青年学生一定要好好学习，好好锻炼。不但要读有字的书，而且要读无字的书，迈开双脚到社会中去学习，去实践，研究各种社会问题。这样才能在改造中国的伟大事业中做出成绩，贡献自己的力量。"

"不但要读有字的书，而且要读无字的书。这话真对呀！"任弼时听着，兴奋地这样想。他朝前挤了挤，继续听下去："改造中国不是一件容易的事，决不是三年五载可以完成的，更不是少数几个人能办到的。一定要唤起民众共同奋斗，经过长期努力，才能成功。"

任弼时的心里顿时打开一扇窗，豁然明亮起来。他开始察觉到，自己原来只想埋头读书，以为有了知识就可以救国的想法，实在是太不够了。今后也应该像毛泽东那样，放开眼界，走向社会，多学一些救国救民的本领。

不久以后，他就参加了学校里的进步组织——毛泽东领导的学生自治会。他和同学们一起，经常走出学校，参加社会调查，参加植树、积肥活动……还选择了美术、拳术等四项活动作为自修项目，多方面锻炼自己的才干和体质。一向老实沉默的任弼时，像一条小鱼游进了大江，开始活跃起来。

七、长沙市明德中学

1903 年，中国近代著名教育家胡元倓先生创办明德学堂，是湖南省最早的新式学堂。1904 年，黄兴、陈天华、宋教仁、张继、陈果夫等在明德学堂创立"华兴会"，明德中学因此被称为"辛亥革命的策源地"。

长沙市明德中学

1918 年，任弼时从一师毕业，考入明德中学读书。明德中学是长沙的一所私立学校，条件不错，只是收费太贵，一般人读不起。任弼时家里并不富裕，全家七人（含"童养媳"陈琮英），全靠他父亲的一点薪水维持生活。任弼时到长沙读书后，书籍费、生活费比在序贤学校读书时高得多，尽管家里省吃俭用，仍然难以保障供给。为减轻家庭负担，12 岁的陈琮英毅然离家到长沙袜厂打工，挣钱供任弼时读书。

任弼时只在该校就读了半年，次年春季开学，便转
到长郡中学就读。

八、长郡中学

清朝末年，根据清政府的《奏定学堂章程》关于"各府必设中学一所"的规定，由官府筹资，长沙时任知府钟骥设立了长沙府中学堂，即长郡中学的原名，是长沙地区第一所官办中学。

1919年春季开学，由于家庭经济拮据，任弼时只得告别明德中学，转到学费较低的长郡中学，插入第二十五班就读一年半。说来也巧，后来成为中国人民解放军大将的肖劲光也在长郡中学读书，并与任弼时是同班同学。他与肖劲光、任岳等人成为朋友，经任岳介绍，他加入了俄罗斯研究会。

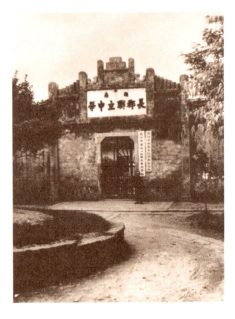

长沙市长郡中学

1920年暑假后，任弼时离开长郡中学，准备赴俄勤工俭学。

肖劲光曾经回忆："有一天，弼时同志从街上回来，样子极兴奋，一进门就对我说'有办法了！'我问什么办法，回答是'到俄国去！''到俄国去'，这在当时对我们是一个多么大的激动！对于俄国，我们知道得不多，那里不是彻底推翻了旧社会建立了新社会么！这个'彻底推翻旧社会'的彻底，对于当时像我们那样对帝国主义和卖国政府充满仇恨的青年，乃是全部革命意义的集中表现。弼时同志毫不迟疑地下定了决心。经过毛主席所领导的革命组织的介绍，我们一同到达上海去学俄文。"

九、莫斯科东方大学

1920年10月的一天，任弼时、肖劲光，还有另外几个青年坐船离开了长沙去上海，先在外国语学社学习俄文，再启程去俄国。

船顺流急驶着，两岸水光山色相映成辉。几个青年久久地站在甲板上，凝视着家乡的迷人景色，一种眷恋之情油然而生。家乡，哺育自己生长的家乡是多么美好啊！他们感到从来没有像现在这样热爱自己的故土。

任弼时这一年才十六岁，他清楚地知道，这一出去，就很少有回故乡的机会了。然而此刻到远方追求真理的愿望，比什么都更强烈地吸引着他乘风破浪、一往无前！

1921 年在莫斯科的任弼时

到了上海，传来学校已经把他们"开除"的消息。家里知道了这件事，给任弼时写了一封信。信上说，听说他要去俄国，父母亲急得哭了。两位老人只有他一个儿子，家庭的前途都寄托在他的身上，希望他不要出国。

任弼时激动地给家里写了这样一封信：

父亲大人膝下：

前几天接到四号手谕，方知大人现已到省，身体健康，慰甚。千里得家书，固属喜极，然想到大人来省跋涉的辛苦，不能说是非为衣食的奔走所致，若是，儿心不觉顿寒！捧读之余，泪随之下！连夜不安，寝即梦及我亲，悲愁交集，实不忍言。故儿每夜闲坐更觉无聊。常念大人奔走一世之劳，未稍闲心休养，而家境日趋窘迫，负担日益增加，儿虽时具分劳之心，苦于能力莫及，徒叫奈何。自后儿当努力前图，必使双亲稍得休闲度日，方足遂我一生之愿。……只以人生原出谋幸福，冒险奋勇男儿事，况现今社会存亡生死亦全赖我辈青年将来造成大福家世界，同天共乐，此亦我辈青年人的希望和责任，达此便算成功。惟祷双亲长寿康！来日当可得览大同世界，儿在外面心亦稍安。……既专心去求学，一年几载，并不可奇，一切费用，交涉清楚，只自己努力，想断无变更。至若谋学上海，儿前亦筹此为退步之计，不过均非久安之所，此事既可成功，彼即当作罢论。

……

1921年7月9日，经过近两个月的长途跋涉，任弼时一行终于到达了世界上第一个社会主义国家的首都莫斯科。8月3日，任弼时进入莫斯科东方劳动者共产主义大学（简称"东方大学"或"东大"）学习。为了学员回国以后的安全，每个外国学员都起了一个俄文名字，任弼时取俄文名为布林斯基。在大革命时期，他常用这个俄文名字来签署团中央通告。也是在此时，他将

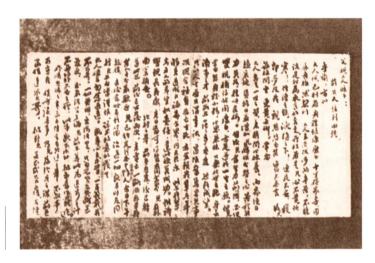

任弼时（培国）1921年赴莫斯科东方大学学习行前给父亲的信（手迹）

原名"任培国"改为后来人们熟悉的"任弼时"。

　　东方大学坐落在莫斯科市区特维尔斯基大街 15 号，苏共中央机关报《真理报》社的对面，原是苏俄培训少数民族干部的学校。1920 年，共产国际第二次大会时，列宁提出了民族和殖民地革命的提纲，为了培养东方各民族发展民主革命的干部，便创办了东方大学，斯大林担任名誉校长。东方大学主要设有党的工作、政治教育、工会运动、经济、行政法律等系。

赴苏护照

　　任弼时等是第一届学员，同时在东方大学学习的还有朝鲜、蒙古、日本、印度等国的革命者。全校五六百学员，按国籍编班，外籍学员以中国班的人数最多。与任弼时一起学习的有刘少奇、罗亦农、彭述之等三十多人，他们是中国班的第一批学生，被称为"旅俄中国青年共产团"。

　　学校的课程有政治经济学、唯物主义、共产主义ABC、西方革命史以及青年运动、职工运动等，全部用俄语教学。在中国班学员中，任弼时年纪最小，身体也差，经常患感冒，但他学习非常努力，俄文水平提高很快。同志们问他有什么经验时，他腼腆地回答说：没什么，听不懂的多听听，记不住的多念念，自然就会了。

　　这时，苏俄全国实行战时共产主义制度，生活必需品都是按人头统一分配的，除了对儿童和知识分子有所照顾外，待遇最好的是红军战士。东方大学的学员享受红军的待遇，每天发给黑面包一磅半，偶尔也可以领到白面包。没有黄油，没有肉类；因为遭遇大旱，连蔬菜也很少，只有几个煮土豆佐餐，午餐和晚餐有一道汤，是土豆、海藻或咸鱼熬的，每人分一勺子。所以不到开饭的时间，肚子就咕咕叫开了。每人每月还发一斤白砂糖，发一部分卢布的零用钱，相当于半个银圆。穿的是红军制服，冬天每人一件军大衣；皮鞋是英国工人捐赠的，又大又重，鞋头尖尖的。屋子里冬季没有暖气，夜晚，宿舍里烧一点木柴烤火取暖。为了防止社会革命党人和无政府主义者的骚扰和破坏，晚上学员轮流到街上去站岗。星期日，学员们有三小时的军事操练，因为学校里没有操练场地，教官就带着他们到皇城边上的广场上去操练。凡是军训之日，每人照例增加半磅面包。有时候，学校还安排他们和莫斯科市民一起参加义务劳动，或是参观博物馆、游览公园。生活是紧张而艰苦的，但是当他们得知，列宁的生活待遇也和红军一样时，大家感到苏俄人民对外国留学生已经是很大的照顾

任弼时和东方大学同学合影

了。随着经济的复苏，学员们的生活不
断得到改善。渐渐地每周可以吃到一点
黄油。

东方大学的学习生活，不仅使任弼
时等较为系统地阅读了马克思列宁主义
的著作，更重要的是使他们扩大了政治
视野，把中国的革命和远东以至于世界
各国的革命斗争联系在一起，把殖民地
半殖民地人民的解放运动和国际工人运
动联系在一起，进行观察和思考。

1922 年到来时，任弼时第一次作为
正式代表出席了一个国际会议——远东
各国共产党及民族革命团体第一次代表大会。

1924 年在莫斯科的任
弼时

大多数真诚的革命者，如任弼时等在革命的熔炉
中，自觉地接受锻炼，为回国参加实际斗争准备条件。

十、给父母及诸妹妹的信

1924 年春，任弼时在家书中写道：

我在莫身体如常，学识亦稍有进步，饮食起居
当自谨慎，你们尽可放心。

莫城天气渐暖了，街衢的积雪渐溶化了，树木
快发芽了，春天快到了，一年最快乐时光天天接近
起来。我现在正筹备着怎样好好的度过这种时光，
结果如何待将来再告。

在中国已是春季，我记着我们乡下的春景，鲜红的野花，活泼的飞鸟，何等的有趣！可恨远隔异土，不能与你们共享这种幽乐！但我不惜！因为以后我们共享的日子还多。

任弼时母亲朱宜 |

十一、五位中国学生为列宁守灵

1924年1月21日，列宁逝世。22日上午，任弼时得知列宁逝世，立即绘制列宁遗像一幅，悬挂在中国班里，以供悼念。下午，在校内参加追悼会。1月25日，他与萧三等同东方大学支部局代表一起去全苏工会大厦圆柱大厅向列宁遗体告别，并被安排代表东方民族荣誉守灵五分钟。后来，萧三回忆当时的情景，激动地说："在短短五分钟内，感想千千万万，我低着头，眼睛望着安详静睡的列宁，五分钟没有眨一下眼。"据史料记载，至少有五位中国学生在全苏工会大厦圆柱大厅为列宁守灵，他们是任弼时、张太雷、肖劲光、萧三和李富清。他们和斯大林、加里宁、捷尔任斯基、蔡特金、季米特洛夫、科拉罗夫、胡志明、福斯特、片山潜、皮特等一起，和九十万苏联各界群众一起，为伟大导师送上最后一程。

1924年7月下旬，任弼时结束了东方大学的学习生活，告别了长住三年的莫斯科，坐火车经海参崴，返回中国革命的发祥地上海。临行前，他拜谒了列宁墓。在红场上，任作民问他："你已经决定把一生献给革命事业了吗？"

"决定了！"二十岁的任弼时简短而明确地回答。

十二、青梅竹马

"童养媳"，虽是封建时代包办买卖婚姻的产物，但陈琮英的情况却又有所不同。原来，任、陈两家上代就结下了"秦晋"之好，1896年任弼时的父亲任裕道与陈琮英的姑姑结了婚。婚后，夫唱妇随，恩恩爱爱。可惜陈氏命薄，未留香火，于第二年不幸病故。为纪念亡妻，再续姻缘，打破"一代亲、二代疏、三代四代不行走"的旧俗，任裕道与陈琮英的父亲陈芝轩"指腹为婚"，订下君子协定：他续弦之后，若生男孩，一定与陈家侄女结为"娃娃亲"。后来，任裕道与朱宜结了婚，一连生了三男三女，培直、培达，均早夭，唯培国福大命大。是故，两家亲上加亲，再传佳话。

1926年3月，任弼时与陈琮英在上海结婚时留影

陈琮英，乳名仪芳，又名陈松，1902年农历十二月初七（即1903年1月）生于长沙县北沙乡一个自由职业家庭，比任弼时长两岁。出生仅4个月，她的母亲就离开了人世。父亲陈芝轩是个教师，常年在北平谋生，鞭长莫及，只好托兄嫂代劳抚养。陈琮英大哥陈达泉，纯朴善良，视其为亲生，百般呵护。陈琮英的嫂嫂待她虽好，但因赌瘾大，故常把她当成了小用

任弼时与妻子陈琮英

人，有时输了钱，又把她当成了"出气筒"。

1914年，她的父亲便按照当初订下的口头婚约，把她送到任家做了童养媳。他们在懵懂不知情事中渐渐长大。那一年，任弼时十岁，陈琮英十二岁。

任家亦是名门望族，书香门第。公婆为人厚道，待她如亲生骨肉。只可惜家底薄，困难多：一则，1916年7月湖南汤兵（汤芗铭，湖南督军，绰号"汤屠户"）刚刚"光顾"任家，"衣服器具，均被劫去"。二则，任弼时一家七口（包括陈琮英）唯一的生活来源，就靠他父亲任裕道在乡村任教的一点收入，尽管他母亲朱宜省吃俭用、精打细算，仍是"筛子盖锅，出气眼多"，无法维持全家生计。三则，任弼时已经考入湖南第一师范读书，离家很远，全靠住校寄宿，费用也高。无奈之下，任弼时打算中途退学，既可减轻家庭经济负担，还能搞点劳动，赚点钱。

任弼时为孩子写的红
模字：小孩子要用心读书，
现在不学，将来没用

婦女只有參加勞動
才能在經濟上政治
上文化上獲得真正
平等的地位

任弼時題

1949 年 3 月，任弼时
为中国妇女第一次全国代
表大会题词：妇女只有参
加劳动才能在经济上政治
上文化上获得真正平等的
地位

　　陈琮英对任家的家底也一清二楚，虽然公婆从不把她当"童养媳"看待，也从不在她面前装穷哭穷，但她却善于察言观色，非常理解公婆的难处和任弼时打算退学的苦恼。为给公婆分忧，她不怕受苦受累，主动要求外出打工。她对任弼时说："我去挣钱，帮你上学。"经过全家人同意后，她托亲戚在长沙北门西园一家织袜厂找了份工作。就这样，两个小伙伴，一个在北门埋头打工，一个在南门奋发读书，为了生活，为了将来，两颗童心紧紧地连在一起。其间，因为明德中学学费较贵，任弼时只好弃高就低转到长郡中学读书，但毕竟有陈琮英按时接济，他的学费和生活费从未打过"背躬"，因此顺利地完成了高小及中学学业，为以后赴俄学习打下了坚实的文化基础。

　　1948年，任弼时给正在学习的女儿远志的信中写道："以前对你说过，学习要靠自己努力，要善于掌握时间去学习。你们这辈学成后，主要是用在建设事业上，即是经济和文化的建设事业，需要大批干部去进行。建设事业就是要有科学知识。学好一个工程师或医生，必须先学好数学、物理、化学，此外要学通本国文并学会一国外国文，有了文字的基础，又便利你去学科学。"

十三、最后的岁月

　　1949年4月，中国新民主主义青年团第一次全国代表大会在北平召开。任弼时抱病参加了大会，并在会上作政治报告。这个报告长达 1.2 万字，对任弼时当时的体力来说，是超量的负荷。报告作了一半，开始出现头晕、心悸和气喘，不得不由其他同志代为宣读。他遗憾地接受了这个建议，但不肯中途离场，仍坚持坐在主席台上，直到会议结束。

在长期的革命斗争中，任弼时曾经两次入狱，被国民党反动派严刑拷打。有一次，他在上海龙华监狱中受电刑，他的后背被烧出一个大洞，伤及心脏，从此患上高血压。以后，他又在工作中积劳成疾。他长期抱病担任繁重的工作，病重期间仍要求自己"能坚持走一百步，就不该走九十九步"。他的这种精神，被大家形象地誉为"骆驼精神"。

1949 年 10 月 1 日，任弼时正在玉泉山养病，未能出席开国大典。他高兴地坐在收音机旁收听了广播，当听到开国大典的礼炮声时，他欣慰地笑了。之后，他又弹起琴，唱起歌，展纸挥毫，默写了《木兰辞》。

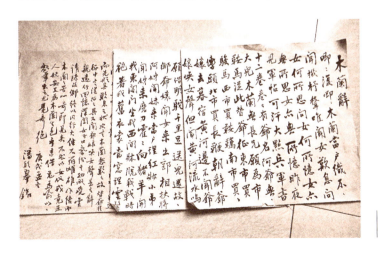

任弼时在养病时书写的《木兰辞》墨迹

1950年夏，任弼时为中共中央机关工作人员题词：学习，学习，再学习！

任弼时对我国民族的英雄人物十分敬佩，常用他们的事迹鼓舞自己、教育后人。

任弼时由于常年工作过度劳累，加上两次被捕受到酷刑的摧残，他的健康状况一直很差。他不顾每天只能工作四小时的医嘱，常常工作至深夜，直到逝世前仍在查看地图。1950年10月25日早晨，他突患脑溢血，经多方抢救无效，

任弼时在天安门城楼参加中华人民共和国成立一周年庆典

于 10 月 27 日 12 时 36 分逝世。

伟人已逝，精神长存！

十四、少年习作

爱 校

人之初生，百事不知，皆赖父母。至七八岁，稍有智识，父母送之入校读书。故读书者必宜爱校。爱校之道有何？即注重德育、智育、体育也。德育者，即关于人之德行之事也；智育者何？即关于人之智识之学也；至于体育者，能使人之身体强健活泼。此皆有益于吾身者也。吾人即在学校，岂可不括充三育以爱校乎！

任弼时铜像

自 立

人之生也，当有益于世。欲有益于世，所贵者莫如自立。自立之道不可倚赖他人，若倚赖他人即非自立。

农夫播种五谷，吾得而食之；工人做器具吾得而用之，建筑屋宇吾得而居之。我享其成，即宜自立，以图报称。若一家能自立，则保一家。由家而县，

269

由县而省，由省而国。固世界之人皆以自立为要。

吾国四万万同胞欲保国家非自立不可。吾人年幼之时不尤宜自振乎！

说公德

人之生处世宜有公德心。公德者，如公共之物为众人所用者，不可毁伤。公园者，公家设之供人观览地也。青草平铺，好花争放，美丽可爱。观之而不折，即存公德也。至于在校读书，人数过多，尤宜有公德，凡百物器具皆宜保护。此吾侪所不可不注意者也。

家　书

父母亲大人膝下：

敬禀者男不知大人身体康健、弟妹等亦好否？男在序贤学校读书，仰体大人之心，力求进步。校中功课每周三十句钟，修身、国文、算学、体操、手工、音乐、习字等。同学六十余人，均相亲爱，男颇能谨慎，现稍受风寒将愈。

仰求大人勿劳挂念。现读国文第十一册。余言再禀。

肃此敬请

福安！

男培国谨禀

三月初四日

爱国说

凡人之生，宜有爱国之心。何也？因身与国家大有关系，故宜大家保存。有战事宜以勇敢之心御之，勿徒多以自谋口腹自得安居而已。

现今与外国交涉，宜提倡国货，不用外货，亦爱国之一法。

外人有言我国热心惟有十五分钟。吾国四万万同胞本爱身之心以爱国，一则免受外人讥评，且不致为外人奴隶，则幸甚。

合群说

国者由人民而成，必赖人民以强。欲强之道，莫如合群。士、农、工、商皆能合群，则必能富。富者强之本也，故各国重学会，士、农、工、商莫不皆然。若一家能合群，则保一家；一乡能合群，则保一乡；一县能合群，则保一县；一省能合群，则保一省。合省成国，则必强而后可。

中国有四万万同胞而不能胜少数人之小国者，咎在不能合群也。

说洁净之益

人之生也，莫不贵于洁净。若数十人同居，有不洁净者，唾痰满地，其痰中多微菌飞于空中，吸于肺腑则生疾病，甚至由一人传染多人受之。此不洁故也。若身体、若衣服均宜常洗，地宜常洒扫，则虽聚居亦无疾病。此有益于身也。故人既读书开通知识，宜注意于洁净之道矣。

说运动之益

人之所贵者，运动其一端也。若身体久不运动，则肠胃之消化、血液之流通、脑筋之功用皆有妨碍。若每日运动，则身体自强健。今日学校林立，均以运动为重。各城镇间设有运动会。运动时种类不一，举数事以为证：算术、图画、手工等，皆有竞走。然运动过多则身体疲倦，思想过多于脑筋有关系。吾人在校固以运动为贵，尤宜适中，则有益于身心矣。

说勤学

凡人之生，无论智愚，莫不以勤学为贵。天下之人，生而知之者少，学而知之者多。故人皆宜学，学尤宜勤。

昔有匡衡，家贫性好学，无力购书，每至家富藏书多者为佣，不求值，惟欲得藏书读之。主人见甚好学，命为司书之役。逾年，学大进，卒成大儒。

吾人在校读书，岂可不学匡衡之勤学乎？

国货宜维持

自古以来中外不交通，故未闻有用外货者。至近世，交互市，设有汽车、汽舟，而洋货入口，使吾国卖之，以夺吾国之利权，以至外货畅销国货滞销。

今日欲提倡国货以挽利权。若勤加研究精良向外转运，庶可保本国利源夺外人利益。能如是维持，则国家何患不富，富则何患不强乎？

家风尚勤俭

凡人之生无论士、农、工、商皆以勤俭为贵。不勤则寡入，不俭则妄费。家中用费皆可预算，亦有出乎预算者：若应酬，若医药，且不幸而遇水、火、盗贼，岂能预算乎？但不可妄用，以为储蓄。吾常见能勤俭，贫者可以致富；不勤俭，富者亦贫。若饱食终日无所用心，则亦难矣。

近日吾国国势日弱，人民日艰，而外侮因之以起。各学校或城市中多设有储金救国会，吾人凡妄费用之钱储之以救国，此两利之益也。可不知乎！

劝友人勤学书

某某学兄惠鉴：

敬启者自别以来转瞬一月矣。近来贵体安否？

念甚！弟虽旅居异地劳瘁风尘而向学之心未尝稍懈。语云：少壮不努力，老大徒伤悲。吾深味乎其言也。

兄现正在青年，务宜专心求学以求上进，他日扬名显亲即基于是矣。兄其勉之。肃此敬请

文安

弟任培国立正

智德体三育并重说

夫智德体三育所以造就人才者也，故学校莫不并重之。

人生于世，道德端正、知识胜人而无体育以保其健康，每受风寒挫折易成疾病；至于知识缺乏，则虽品行端庄、身体强健，于世无足轻重；智育、体育均臻优善而道德不高、品行不正，必不见容社会。今学校力求教育完善。修身一科即德育之主体也，其他各科即智育之主体也，体操球术即体育之主体也。三育并重毫无歧视。

回忆昔日家塾读书，终日不出户庭，以致背脊弯曲甚至短命，教育之不完善至此已极。噫！智、德、体三育之宜并重不亦昭然可睹者乎！

说家教与学校教育之关系

人之初性本完善，不以教育则恶习渐染。教育之道有二：一曰"家庭教育"，一曰"学校教育"。

夫家庭教育者，即学校教育之始基也。如为宫室，则必先择量地势、巩固地基、疏通沟渠，然后可以高建筑。不然，若地势不平、地基不坚，虽成宫室时，则风雨骤至其不飘摇者几希矣。教育亦然。使家庭无善良之习性，斯学校鲜优美之效果。学校教育关于家庭甚为密切。吾辈讵可忽出乎哉！

言　志

谚云：世界无难事只畏有心人。有心之人，即立志之坚者也。

吾自幼至是年十四矣。始入初等，初等毕业考入本校，至今三年，又将毕业。拟于毕业之后，从事工业。

因今之世界乃战争之世界。战争非交绥之谓，举凡学术及物质文明之竞争皆是。而强国之道莫贵工业。试观德国之强者明甚。昔德国亦弱国也，常与法战，累为法所挫。后克虏伯取枪而叹曰："此种枪炮战不能胜，奈何？"乃发明新式枪械，再与法战，大败法军。自是振兴工业，以至今日称雄世界无可下矣。我中国处此危急之时，战不能，不战不能，无可如何，有心者能无陨涕！

故吾志习工业，以图工业振兴，改良制造，坚持不变，庶可达其所向乎。

十五、少年部分书画

任弼时少年画作：万里船

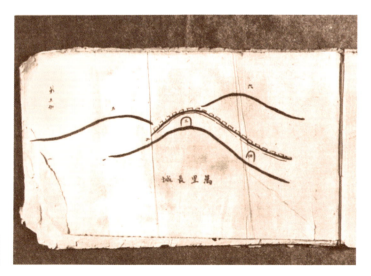

任弼时少年画作：万里长城

| 任弼时少年画作：山水

任弼时青少年时代大事记

1 岁

1904 年 4 月 30 日，出生于湖南省湘阴县塾塘乡唐家桥（今属汨罗市）的一个乡村教师家庭。名培国，号二南。父亲任裕道，字振声。母亲朱氏。

5 岁

1909 年，随父亲任裕道寄宿课读湖南省公立作民两等小学堂。

7 岁

1911 年，正式进入湖南省公立作民两等小学堂读书。

10 岁

1914 年，随父亲到塾塘乡任氏序贤初等小学住读。在此年的作文《民生在勤》《自立》中分别写道："用本国之货以挽回利权，则民生何至日艰矣！""世界之人皆以自立为要。吾国四万万同胞欲保国家非自立不可。"

11 岁

1915 年夏，序贤初等小学毕业，考入湖南省立第一师范学校附属小学高等科。

12 岁

1916 年 10 月，加入一师附小组织的学艺会谈话（即"演说辩论"）部。

11 月，参加湖南省长沙教育会举行的追悼蔡松坡（蔡锷）大会。会后作文《追悼蔡公松坡感言》，慨叹："吾人可不急起直追，继公之志乎！"

12 月，参加湖南省立第一师范高小部及国民部联合会操。后作文《说体操之利益》道："国何以强，强于民；民何以强，强于身；而身何以强，体操锻炼而强之也。"而国民教育"于德育、智育之外，并重体育"，以"养成其协同尚武之精神，坚忍耐劳之习惯，活泼强健之身体。欲以救人民之文弱，国家之衰微也"。

13 岁

1917 年，继续在湖南省立第一师范附属小学高等科学习。

14 岁

1918 年秋，高小毕业，考入长沙私立明德中学十七班就读。

11 月，参加湖南各界庆祝第一次世界大战胜利的提灯会。会后作文《提灯会纪事》道："退而思之，我国之庆祝，止负协约之名而无协约之实，亦可愧也。自后我国可不力自振刷乎！"

15 岁

1919 年春，转入湖南第一联合县立中学（即长郡中学）第二十五班就读。积极投身五四运动，开始接受革命思想。运动中受长郡中学学生爱国会的聘请，课余担任"贫民半日学校"二、四、七班的音乐课教员。

16 岁

1920 年 8 月，参加毛泽东等正在筹建的俄罗斯研究会，并由该会推荐首批赴上海入"外国语学社"作留俄学习准备。在上海"外国语学社"，首批加入上海社会主义青年团。

17 岁

1921 年 5 月，经上海共产主义小组介绍，进行职业化装后，启程赴莫。

8 月 3 日，进入莫斯科东方劳动者共产主义大学(简称"东方大学"或"东大")中国班学习。改名为弼时，起俄文名为 Бринский（布林斯基）。

18 岁

1922 年 1 月，加入中国共产党。

1 月 21 日—2 月 2 日，出席远东各国共产党及民族革命团体第一次代表大会。

12 月 7 日，中国共产党旅莫支部会议通过任弼时转为中共正式党员。

年底接替瞿秋白担任莫斯科东方大学中国班西方革命运动史课堂俄语翻译。

19 岁

1923 年 4 月，出席中共旅莫支部委员会成立大会。大会报告了青年团与共产党的关系、中国政治经济状况和中国共产党的任务等情况；批准、批转了一批党员，并强调了今后学习训练的要求等。

5 月，出席中共旅莫支部临时大会，在讨论训练方案时提议：研究内容增添少年运动一项；党支部负责青年团工作的执行委员应加入团支部执行委员会。

6 月 30 日，主持召开中共旅莫支部六月常会。

20 岁

1924 年 1 月 25 日，参加为列宁守灵等葬礼活动。

7 月，作为中国社会主义青年团的正式代表之一，出席在莫斯科召开的青年共产国际第四次代表大会。23 日，启程回国。

21 岁

1925 年 1 月 11 日，在上海参加中国共产党第四次全国代表大会。

1 月 26 日，在上海参加中国社会主义青年团第三次全国代表大会，当选为团中央执行委员会委员，担任中央局组织部主任。

5月，任团中央代理总书记。领导青年积极参加五卅运动。

9月，任团中央总书记。

22岁

1926年3月，与陈琮英在上海结婚。

参考文献

任继宁编著：《我的爷爷任弼时：第二部 任弼时画传》，中央文献出版社。

章学新主编：《任弼时传》，中央文献出版社。

毛胜编著：《任弼时——寻找整个民族的出路》，贵州人民出版社。

任弼时纪念馆、汨罗市人民政府、中共汨罗市委编：《任弼时与汨罗》。

蔡庆新著：《任弼时》，中央文献出版社。

责任编辑：吴广庆
封面设计：王欢欢

图书在版编目（CIP）数据

开国五大书记求学之路 / 叶茂，李雨橙 著 . — 北京：人民出版社，2024.5
（2024.10 重印）
ISBN 978 - 7 - 01 - 026453 - 0

I.①开… II.①叶…②李… III.①毛泽东（1893—1976）- 生平事迹
②朱德（1886—1976）- 生平事迹 ③刘少奇（1898—1969）- 生平事迹
④周恩来（1898—1976）- 生平事迹 ⑤任弼时（1904—1950）- 生平事迹
IV.① A752 ② K827=7

中国国家版本馆 CIP 数据核字（2024）第 068367 号

开国五大书记求学之路
KAIGUO WUDA SHUJI QIUXUE ZHI LU

叶 茂 李雨橙 著

人民出版社 出版发行
（100706 北京市东城区隆福寺街 99 号）

中煤（北京）印务有限公司印刷 新华书店经销

2024 年 5 月第 1 版 2024 年 10 月北京第 2 次印刷
开本：710 毫米 ×1000 毫米 1/16 印张：18.25
字数：180 千字

ISBN 978 - 7 - 01 - 026453 - 0 定价：79.00 元

邮购地址 100706 北京市东城区隆福寺街 99 号
人民东方图书销售中心 电话（010）65250042 65289539